Y ahora..., a dormir

Y ahora..., a dormir

Título original: *Schlaf, Baby, schlaf*
Redacción de texto: Vivian Weigert
Traducción: Anna Pujol i Valls
Diseño de cubierta: Estudio Idee
Fotografía de cubierta: Tony Stone Images
Diseño de maqueta: Imma Pla
Fotografías de interior: Zefa/Norman, Age Fotostock, Firo-Foto,
Index, Stock Photos y Tony Stone
Maquetación: Pacmer, S. A.

© de la versión alemana: 1997, Mosaik Verlag, Múnich
 in der Verlagsgruppe Bertelsmann GmbH/54321
© de la versión española: 2000, RBA Libros, S.A.
Pérez Galdós, 36 / 08012 Barcelona

Reservados todos los derechos
Ninguna parte de esta publicación
puede ser reproducida, almacenada
o transmitida por ningún medio
sin permiso del editor.

Ref.: LPP-5 / ISBN: 84-7901-456-3
Depósito legal: NA-2.554-2000
Impreso y encuadernado por: Gráficas Estella, Navarra

Vivian Weigert

Y ahora..., a dormir

RBA 👁 práctica

Índice

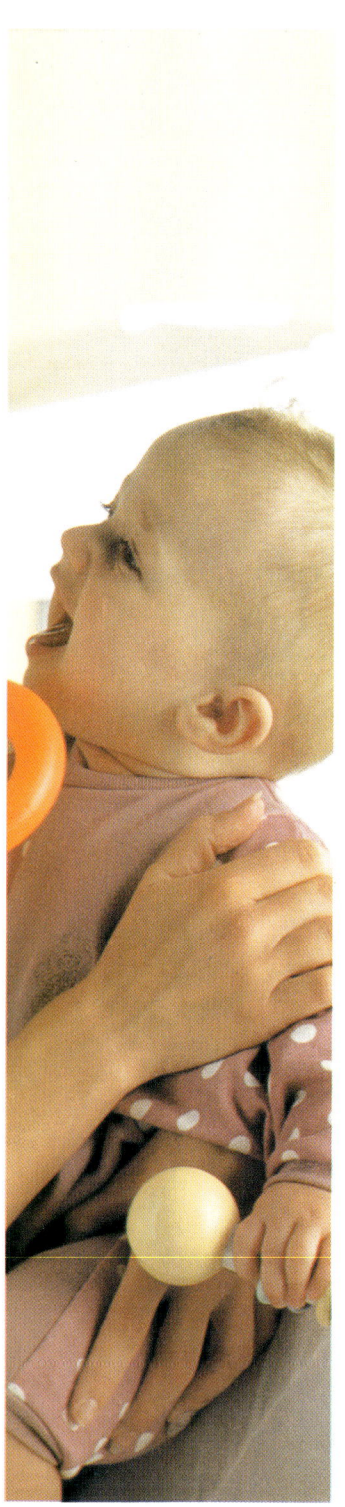

Introducción   **7**

**Lo que ocurre
durante el sueño**   **11**

El sueño profundo   12

Soñar   12

Los ciclos del sueño   14

Cómo se desarrolla el sueño
durante la infancia   15

El reloj interior   17

Cuántas horas de sueño
necesitan los niños   20

**Dormir más
desde el principio**   **25**

El niño aprende a distinguir
el día de la noche   26

Despertar al bebé para las tomas
nocturnas   28

Dormir por turnos con el bebé	30
Buenos y malos hábitos para dormirse	31
¿Dónde duerme mejor su bebé?	36
Para que al bebé le apetezca irse a la cama	38
Cuando su hijo ya es un poco mayor: rituales placenteros para dormirlo	39
Para que el bebé duerma de un tirón	40
Cuando el bebé está preparado para tener un horario fijo	44

Solucionar problemas del sueño 53

Si su hijo no duerme a su debido tiempo	54
Malos hábitos para dormir	57
El método Ferber	59

Miedos y pesadillas 73

Sueños y fantasmas atemorizantes	74
Miedo al dormirse	75
Pesadillas	77
Terrores nocturnos	78
Sonambulismo	80

Remedios naturales para los trastornos del sueño 83

Flores de Bach para dormir bien	84
Homeopatía para niños con problemas de sueño	86

Introducción

¿**C**on cuántas noches interrumpidas tienen que conformarse los padres? ¿Es normal que un niño de tres años se levante tres veces todas las noches y haya que mecerlo en brazos hasta que se duerma? ¿Causan los padres daño psíquico al niño cuando le exigen dormir en la cuna?

Cada vez más, los padres se plantean preguntas como éstas. Los pediatras constatan que los problemas de sueño infantil han aumentado enormemente en los últimos tiempos.

Si usted, al igual que otros muchos padres, tiene que acudir a su hijo todas las noches un par de veces y tiene que calmarlo en repetidas ocasiones para que pueda continuar durmiendo, se preguntará si lo ha mimado demasiado y si debería haber sido más exigente con él. Quizá le recomienden que se limite a dejar que el niño llore unas cuantas noches.

Esté tranquilo: los problemas de sueño rara vez tienen relación con los mimos. Más aún, dejar que el niño grite sin vigilarlo no es ni fácil ni recomendable. Se consiente a un niño cuando se cede siempre, cuando no se tiene el valor de decir «no» aunque sea lo mejor para él. Los problemas de sueño tienen otras causas. Surgen, en su mayoría, porque los niños desarrollan malos hábitos al dormirse, generalmente estimulados por los padres sin darse cuenta.

La buena noticia: por lo general, cuando los padres conocen la situación, los problemas de sueño pueden resolverse con la misma facilidad con que se crearon; este libro puede facilitarles la tarea.

Lean en el primer capítulo cómo se desarrolla el sueño de un niño. Todavía hoy se sabe poco sobre lo que ocurre durante el sueño. Usted sabrá seguramente que el sueño onírico y el sueño profundo[1] se alternan varias veces durante la noche. Pero, ¿sabe que es muy normal despertarse entre una y otra fase del sueño? A muchos padres no les queda claro que el problema de su hijo no es el de despertarse un par de veces durante la noche; el verdadero problema es que el niño no ha aprendido aún a dormirse solo después de ese breve despertar, por lo demás, normal.

---

1. El sueño onírico es la fase de sueño superficial en el transcurso de la cual soñamos. Durante la fase de sueño profundo, no se producen sueños.

CUANDO SE CONOCEN las causas, los problemas de sueño pueden resolverse con la misma facilidad con que se crearon.

En el segundo y tercer capítulos se explicará la manera de ayudar a su hijo a aprenderlo.

Los niños con problemas de sueño no son «niños conflictivos»; son, por el contrario, sumamente inteligentes, pero mal enseñados. Tampoco debe reprocharse el fracaso a los padres. Suelen estar muy dedicados a los hijos, dispuestos a sacrificar su propio sueño más de lo conveniente. La cuestión es que ignoran cómo se originan, en realidad, los problemas del sueño.

De hecho, este descubrimiento es relativamente nuevo. Aunque hace ya algunas décadas que científicos estadounidenses empezaron a investigar nuestro sueño, la relación existente entre sus descubrimientos y los problemas del sueño infantil no se estableció hasta los años ochenta, sobre todo en el Centro Infantil del Sueño de Boston, dirigido por el doctor Richard Ferber. Ferber publicó sus conocimientos a propósito del tema en un libro muy popular en Estados Unidos, nunca traducido a otros idiomas. Por esa razón, su exitoso método para la solución de los problemas del sueño no es conocido todavía entre nosotros. Entré en contacto por primera vez con el trabajo del doctor Ferber durante mis tareas como consejera en el Centro Familiar de Nueva Esco-

cia, Canadá. Una parte importante de este libro es el resultado de aquellas provechosas experiencias.

En el cuarto capítulo se explica todo cuanto tiene relación con los problemas del sueño. Problemas por completo ajenos a malos hábitos en el ritual de hacer dormir al niño, a posibles dolores ni a necesidades de la criatura. Para pesadillas o cólicos, por ejemplo, tanto las flores de Bach como la homeopatía ofrecen tratamientos eficaces. En cambio, la medicina convencional carece de tratamientos en este campo. Por el contrario, en el caso de problemas menos corrientes –como la narcolepsia o la apnea del sueño–, sólo puede ayudar la medicina tradicional, sea por medio de medicamentos o de una pequeña intervención quirúrgica. Los padres afectados por tales problemas deben dirigirse lo antes posible a un buen pediatra.

Lo que ocurre durante el sueño

- El sueño profundo
- Soñar
- Los ciclos del sueño
- Cómo se desarrolla el sueño durante la infancia
- El reloj interior
- Cuántas horas de sueño necesitan los niños

Lo que ocurre durante el sueño

El sueño profundo

El sueño profundo es el que mejor refleja la idea de lo que es el sueño. En realidad, sería mejor llamarlo «sueño sosegado», pues en ningún caso se trata de sueño profundo continuo. Abarca desde la primera y ligera cabezada, de la cual es muy fácil despertarse, hasta el estado de sueño profundo, del cual es difícil salir. Al despertarnos de él, nos encontramos desorientados y atontados durante unos minutos. Los investigadores del sueño reconocieron en el sueño profundo cuatro etapas de progresiva profundidad.

En el momento de dormirnos, nos sumimos primero en una especie de sueño profundo, durante el cual desaparece la percepción del mundo exterior. Mientras la musculatura se relaja poco a poco, hay partes del cuerpo que se sobresaltan, a menudo involuntariamente. En el laboratorio del sueño, el EEG –el electroencefalograma, que mide y dibuja la actividad cerebral– muestra cómo las ondas Alfa, rápidas y cortas, del estado de vigilia se transforman en ondas algo más regulares. Tal es la evolución de las dos primeras etapas del sueño profundo; en realidad, aún se trata de un sueño ligero del cual despertamos por completo en pocos minutos.

Hasta la tercera y cuarta etapa, el sueño no es realmente profundo. Las corrientes cerebrales muestran entonces sólo ondas muy amplias, las llamadas ondas Delta. El latido del corazón y la respiración han tomado un ritmo regular y estable. La musculatura se ha relajado, ya que el cerebro no envía ningún mensaje al cuerpo. Durante el sueño profundo no sólo se relaja el cuerpo, sino también la mente.

Soñar

Cada uno o dos ciclos de sueño profundo, la respiración y el pulso se vuelven de repente irregulares. El corazón late de nuevo con fuerza, los valores hormonales y la función renal cambian, aumenta el consumo de oxígeno, el cerebro se activa de nuevo y necesita más riego sanguíneo. Durante el sueño onírico las ondas cerebrales aparecen como una mezcla de ondas Alfa –propias de

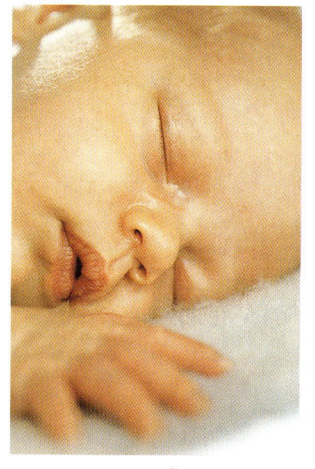

DURANTE EL SUEÑO PROFUNDO se relajan tanto el cuerpo como la mente.

TODAS LAS NOCHES SE REPITEN alternativamente ciclos de sueño profundo y sueño onírico. Es decir, soñamos todas las noches, aunque luego no nos acordemos del sueño.

cuando estamos despiertos– y de ondas más regulares, propias de la primera etapa del sueño profundo. En estas fases del sueño, pues, el cerebro no se relaja, pero tampoco reacciona ante las señales del mundo exterior, con excepción de las señales de alarma. En su lugar, recibe impulsos del interior. Son las partes evolutivamente más viejas y primigenias del cerebro las que estimulan las capas jóvenes y superiores del mismo. Durante el sueño onírico, el cerebro emite, incluso, señales de movimiento.

Sin embargo, el cuerpo se mantiene en calma: los impulsos nerviosos se bloquean en la columna vertebral. Gran parte del cuerpo está como paralizado. A lo sumo, aparecen pequeñas convulsiones en las manos y piernas, o en la cara.

Exceptuando este bloqueo, son los grupos de músculos los que controlan el movimiento de los ojos, la respiración y el oído. No siempre nos despiertan los ruidos que oímos; a menudo los integramos en nuestros sueños. Durante estas fases, los ojos se mueven con rapidez arriba y abajo; por esta razón el sueño onírico se llama, en lenguaje especializado, Sueño REM (REM: Rapid Eye Movements). Por su parte, el sueño profundo se llama sencillamente Sueño No REM.

DURANTE EL SUEÑO ONÍRICO, el cerebro emite, incluso, señales de movimiento. Sin embargo, el cuerpo se mantiene en calma.

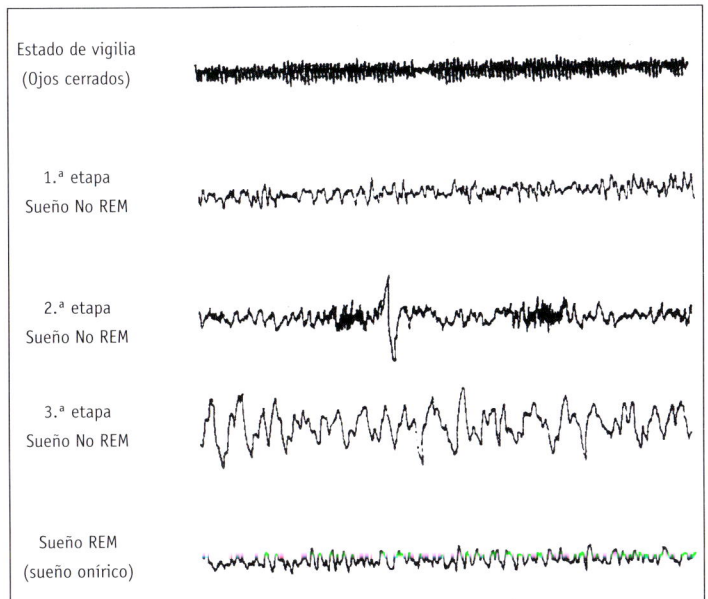

Tabla 1: Ondas cerebrales. (Richard Ferber: *How to Solve Your Child's Sleeping Problems.*)

LOS PRIMEROS Y SORPRENDENTES descubrimientos sobre nuestro sueño los llevaron a cabo investigadores estadounidenses del sueño. Analizaron conjuntamente las corrientes cerebrales, los movimientos de los ojos y el tono muscular de quienes dormían y advirtieron que hay dos tipos de sueño: el sueño onírico y el sueño profundo.

Los ciclos del sueño

Los adultos sólo alcanzan el sueño profundo durante un par de horas después de dormirse y, más tarde, al amanecer. La mayor parte de la noche la pasan en estado de sueño profundo más ligero, alternado con el sueño onírico. Mientras que en las distintas fases del sueño nos resulta a veces fácil y a veces difícil despertar, en el transcurso de la noche hay un par de momentos en los cuales nuestros sentidos están prácticamente despiertos. En esos momentos, nos damos la vuelta en la cama y nos volvemos a dormir enseguida.

Por lo general, a la mañana siguiente, ni nos acordamos. La conciencia cumple la función de comprobar que todo está en orden, cuando parte de ella emerge de nuevo por un segundo a la superficie, entre ciclo y ciclo de sueño. Aunque al hacerlo no nos despertemos por completo, todos nuestros sentidos recuperan sus funciones, y salen del embotamiento del sueño para controlar si podemos continuar durmiendo sin molestias y sin peligro.

Lo normal es que todo esté en orden y caigamos de nuevo en un sueño profundo. Sólo en el caso de que algo no esté como estaba antes de dormirnos, el subconsciente nos avisa y nos despertamos completamente. Por ejemplo, si se ha caído la manta de la cama y ha descendido la temperatura corporal nos despertamos del todo, nos tapamos y enseguida nos dormimos de nuevo.

SALIR POR UN MOMENTO de una etapa profunda del sueño forma parte de los ciclos del sueño que se alternan, tanto en adultos como en bebés o niños pequeños.

Las pausas del sueño salvan la vida. Durante el sueño profundo nuestro cerebro está desconectado; durante el sueño onírico, aunque el cerebro se halla activo, el cuerpo está como paralizado. Así pues, es importante que haya breves momentos de duermevela, en los cuales tanto el cerebro como el cuerpo estén potencialmente a punto para funcionar. Durante estos segundos nuestra conciencia detectará cualquier posible peligro –el humo de un incendio en la casa, por ejemplo, o ruidos amenazadores– y tanto nuestra mente como nuestro cuerpo podrán reaccionar de modo conveniente.

Cómo se desarrolla el sueño durante la infancia

Los gráficos tomados a recién nacidos en el laboratorio del sueño tienen un aspecto muy distinto de los tomados a adultos. En el segundo y tercer mes de vida, el EEG empieza a mostrar algunas de las ondas que resultan típicas del sueño profundo más ligero de los mayores; otras no acostumbran a aparecer antes de los seis meses. En realidad, aún se desconoce el significado de estas diferentes ondas y su función.

Los bebés tienen el sueño más ligero. Cuando un recién nacido se duerme, cae primero en un ligero sueño onírico. Hasta los tres meses el bebé no empieza a dormir el sueño profundo, que, a partir de entonces, será habitual. El sueño profundo, pues, necesita más tiempo para desarrollarse que el onírico. En el sexto o séptimo mes de embarazo el feto ya desarrolla el Sueño REM; en cambio, no experimenta el sueño profundo hasta los siete u ocho meses. Los recién nacidos tienen un sueño bastante ligero. El sueño profundo auténtico, con sus cuatro fases completas, no se desarrolla hasta después de transcurrido el primer medio año de vida.

En los niños pequeños el sueño profundo es especialmente intenso. En el laboratorio del sueño resulta casi imposible des-

CUANDO UN NIÑO se despierta completamente entre los ciclos del sueño y no puede dormirse de nuevo sin ayuda, significa que su conciencia da la señal de alarma al salir de su duermevela: algo no está en orden, algo no está igual que cuando se durmió.

pertarlos durante la cuarta etapa del sueño profundo. Es algo que pueden experimentar los mismos padres, por ejemplo, cuando sacan al niño dormido del coche y ven que no se da cuenta absolutamente de nada.

Los bebés tienen ciclos de sueño más cortos. Los bebés duermen el doble de tiempo de sueño ligero y experimentan ciclos que se repiten a menudo. En los adultos, la duración media de una fase de sueño es de 90 minutos; la de los bebés, sólo de 50. El breve estado de duermevela entre los ciclos de sueño aparece casi con el doble de frecuencia en bebés y niños pequeños que en sus padres. Por esa razón, los primeros se despiertan más a menudo.

Los bebés sueñan más. Mediante las corrientes cerebrales, los investigadores del sueño pueden reconocer que los bebés sueñan ¡incluso en el seno materno! Y lo que aún resulta más sorprendente es que los recién nacidos dedican a los sueños la mitad de las horas que duermen. Los niños prematuros incluso más; casi un 80% del tiempo que duermen. Es fácil saber cuándo sueña un bebé: respira con irregularidad, contrae de vez en cuando ligeramente las manos y mueve los ojos con rapidez de un lado a otro bajo los párpados. A veces aparece una sonrisa en su cara o fuerza un poquito la boca, como si estuviera a punto de llorar.

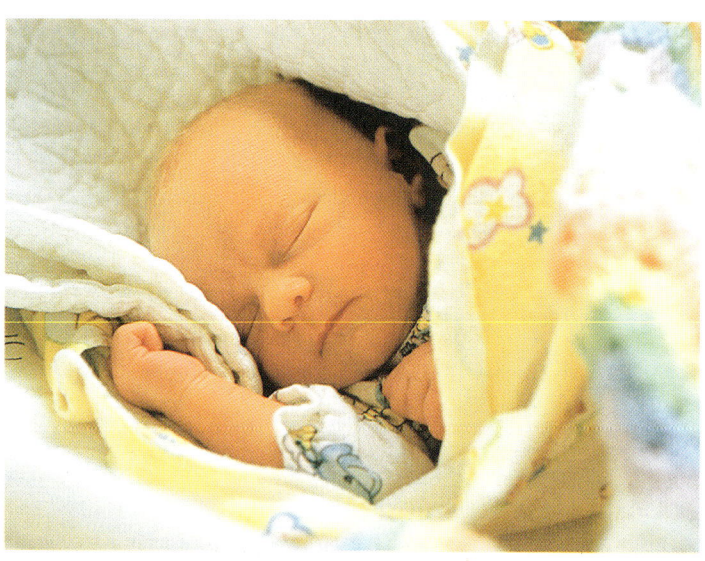

AL DORMIRSE, LOS NIÑOS pequeños caen con rapidez –en unos diez minutos– en un sueño muy profundo. Un bebé tarda el doble en dormir profundamente.

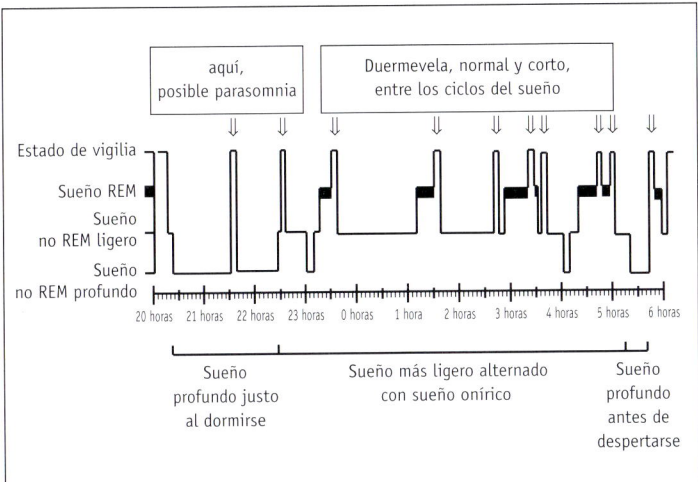

Tabla 2: Ciclos del sueño alternados a partir del sexto mes de vida. (Richard Ferber: *How to Solve Your Child's Sleeping Problems.*)

¿POR QUÉ SOÑAMOS TANTO al principio de nuestra vida? Los científicos no lo han podido descubrir hasta ahora. Tampoco se sabe por qué razón la parte de sueño onírico disminuye a medida que avanza la edad. A los tres años, los niños sueñan durante una tercera parte del tiempo que duermen. Hasta la pubertad su comportamiento no se iguala al de los adultos: una cuarta parte de sueño onírico y tres cuartas partes de sueño profundo.

Por el contrario, durante el sueño profundo, el bebé respira profunda y tranquilamente, sus ojos no se mueven y se mantiene bastante quieto.

Se sabe que durante el sueño profundo todas las células del cuerpo reponen fuerzas y se regeneran. Por esta razón, parece evidente que, al crecer, no sean convenientes más horas de sueño profundo. Pero, ¿por qué precisamente al principio de la vida, incluso ya en el seno materno, es cuando más soñamos? Las respuestas a tal pregunta no pueden ser, de momento, más que especulaciones.

Se supone que los sueños se tejen con el material obtenido de experiencias pasadas, pero, si consideramos que un recién nacido es una película en blanco, nos debemos preguntar con qué pueden soñar un feto o un bebé. También existe la posibilidad de que la práctica prematura del sueño sirva para la maduración del cerebro o, quizá, sea beneficiosa para el desarrollo general del ser humano.

El reloj interior

Nuestro reloj interior indica bastante mejor de lo que parece cuándo estamos despiertos y cuándo podemos dormir. Lo mismo vale para cuando tenemos hambre. El tiempo transcurrido después de haber comido tiene mucha menos importancia que las

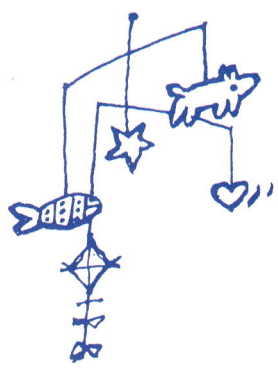

CUANDO EL RELOJ INTERIOR pierde el compás nos sentimos mal.

EL RELOJ INTERIOR se adapta a todo, tanto a los buenos como a los malos hábitos.

señales de nuestro reloj interior, cuando nos indica que es la hora de comer. Todas nuestras necesidades corporales vitales –dormir o estar despierto, descansar o estar activo, tener hambre o comer– se regulan según ese compás interior, sin importar si sucede cada hora, cada día o cada mes.

Un ritmo fijo ayuda a dormir. El juego armónico de todos los sistemas rítmicos del cuerpo –es decir, el cambio de oxígeno, la presión sanguínea, la temperatura corporal, el mantenimiento hormonal, la respiración, la digestión– funciona como un sistema complejo de relojería. Cuando todo está en sintonía con el resto, nos sentimos realmente bien, al contrario de lo que ocurre cuando los ritmos biológicos están desordenados, llegando, incluso, a aumentar en nosotros la predisposición a enfermar.

El reloj interior no sólo se programa por la regularidad de la influencia de elementos externos como la luz y la oscuridad. Si así fuera, nos adaptaríamos sin problemas a un país nuevo. El comportamiento propio de cada uno ejerce, por lo menos, parecida influencia. Nuestro mecanismo interior de relojería se rige según lo que hacemos regularmente. Y tan pronto como el hacer cotidiano ha programado el reloj, éste a su vez influye en nuestro comportamiento. Los factores que más influencia ejercen en nuestros biorritmos son el sueño y las horas de comer.

Si normalmente nos vamos a dormir y nos levantamos a las mismas horas, el organismo entero se acomoda a ese horario. La temperatura corporal desciende por la noche antes de irnos a la cama en proporción opuesta a su evolución durante el día. Las glándulas que segregan la adrenalina reducen su producción de cortisol y, a la mañana siguiente, cuando llega el momento en que habitualmente nos levantamos, se reactivan de nuevo. También aumenta entonces la temperatura corporal. Nos cuesta muchísimo levantarnos unas horas antes de lo normal, pues nuestro valor de cortisol y temperatura corporal aún son muy bajos. Asimismo, nos resulta difícil dormir cuando nuestra temperatura y valor de cortisol son aún elevados. Con todo, el cuerpo es capaz de readaptarse.

Nuestro reloj interior no funciona desde el nacimiento. Durante las primeras seis u ocho semanas de vida, el pequeño organismo necesita un período inicial de adaptación. Mientras que en el seno materno siempre estuvo abastecido de alimento, después del nacimiento el bebé debe resistir el cambio que supone estar saciado a intervalos y tener de nuevo hambre. Así pues, una ausencia de comida que dure toda la noche le resultará una exigencia enorme, excesiva. Por esta razón, los recién nacidos aún no pueden hacer distinción entre el día y la noche; duermen cuando están saciados y se despiertan justo cuando tienen hambre; y así todo el día. El hecho de que el bebé duerma mucho o poco en las primeras semanas no nos dice demasiado respecto a cómo dormirá en adelante.

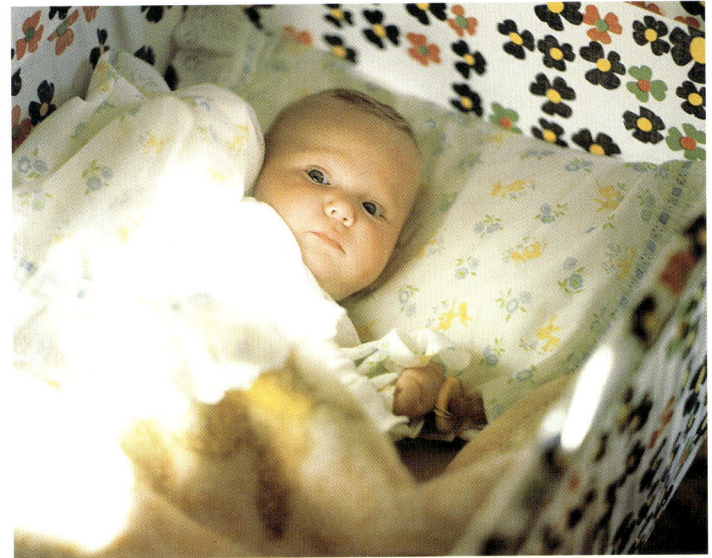

UN RITMO DIARIO relativamente estable —sobre todo en cuanto a las horas de dormir y comer— es la mejor receta para conseguir noches tranquilas y reposadas, además de bienestar durante el día. Los niños y bebés requieren mucha más estabilidad que los adultos.

El reloj interior se acostumbra a todo. Quien, por ejemplo, toma durante una temporada un tentempié a medianoche, tiene pronto la necesidad interior de tomar ese tentempié. Esto significa que el organismo entero se ha acostumbrado a recibir alimento en vez de dormir: la temperatura corporal, la producción hormonal, el metabolismo, todo sigue un ritmo distinto.

Si acaso hacia el final del segundo mes de vida, se afianza cierto ritmo en los bebés, que ya se muestran capaces, gracias a su grado de desarrollo, de dormir durante la noche un poco más que

SÓLO DURANTE LOS PRIMEROS meses –cuando todavía no se ha desarrollado el reloj interior– es aconsejable adaptarse por completo a los horarios del bebé: alimentarlo y dejarlo dormir, según lo requiera. Más adelante, lo mejor para el niño es que se le ayude a mantener el ritmo fijándole horarios a lo largo de todo el día.

EN PRINCIPIO, NO PUEDE considerarse que exista un verdadero problema de sueño hasta que un niño duerma durante el día dos horas menos de lo que aquí se indica para su edad.

durante el día, porque ya pueden aguantar una pausa nocturna más larga sin necesidad de comer.

Al tercer mes de vida es cuando, por regla general, el ritmo individual del bebé empieza a consolidarse, pero sólo a partir del sexto mes, el complejo sistema que denominamos reloj interior habrá empezado a madurar.

Por naturaleza, el reloj interior tiene un día de 25 horas. Se ha comprobado que, si con fines científicos, los adultos pasan un tiempo en una habitación sin luz natural y sin relojes, empiezan muy pronto a levantarse cada día una hora más tarde y a irse por la noche lógicamente una hora más tarde a la cama. Sólo por el hecho de que, por lo común, cada día a la misma hora nos levantamos, comemos y nos vamos a dormir, se mantiene el ritmo de 24 horas. En vacaciones o durante el fin de semana no nos cuesta nada dormir una horita más por la mañana e irnos más tarde a la cama. Por el contrario, levantarnos o dormirnos una hora antes no nos será tan fácil.

Así se explica por qué puede resultar caótico para los niños no habituarse a horarios regulares.

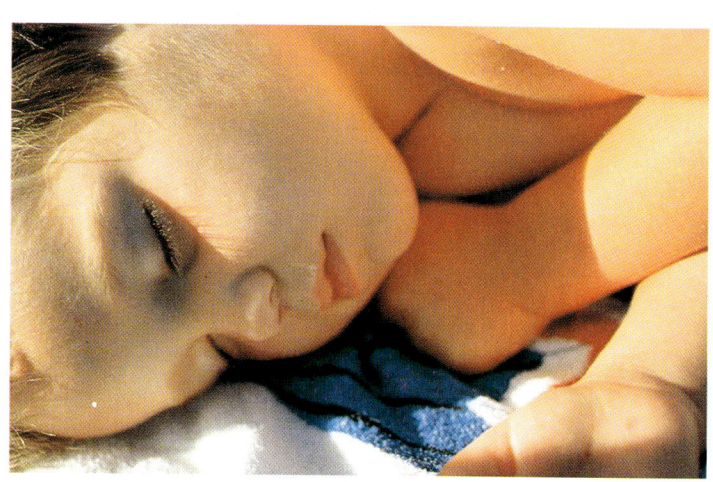

Cuántas horas de sueño necesitan los niños

La necesidad individual de sueño viene dada genéticamente; el hecho de que el niño necesite muchas o pocas horas de sueño está determinado por la herencia y no puede variarlo la educación. Donde sí se puede influir es en las horas en las que se desea aplacar la necesidad de dormir. Es posible ayudar a cada niño, a partir de determinada edad, a acostumbrarse a un ritmo que se acople al ritmo del resto de la familia.

La tabla de la página 22 muestra, de manera orientativa, cuál es el promedio de horas de sueño que necesitan los niños a cada edad y cómo cambia la necesidad de dormir a medida que el niño crece. Pero, preste usted atención al hecho de que aquí se habla de promedios. Una pequeña desviación suele ser absolutamente normal, ya que rara vez existe un niño promedio.

Los recién nacidos tienen un ritmo de sueño y vigilia completamente distinto del de los adultos: mientras nosotros dormimos unas ocho horas de las 24 que tiene el día, los bebés están despiertos sólo unas ocho horas diarias durante las primeras semanas de vida.

A los tres meses, su bebé ya sólo necesita en total unas 15 horas de sueño al día. Su necesidad de dormir ha disminuido lentamente en una hora diaria. Con el paso de estos primeros meses ha sufrido un gran cambio en su ritmo de sueño.

El pequeño organismo empieza a diferenciar día y noche. En ese momento es posible que el bebé haya desplazado a la noche una de las cuatro o cinco fases más largas de sueño que hay, porque el sistema de digestión ha madurado mucho con respecto al momento de nacer.

El bebé puede ahora alimentarse ya lo suficiente durante el día para no necesitar alimento entre las once de la noche y las cuatro o las cinco de la madrugada. Esto significa que puede dormir de un tirón cinco o seis horas. Podrá disfrutar de este avance, si acaso, a partir del final del segundo mes. Puede saber cómo ayudar a su bebé a diferenciar entre día y noche en la página 26.

Entre los seis y los siete meses, los bebés se imponen una costumbre que mantendrán más o menos durante un año: de día, harán dos breves siestas de una hora cada una, por la mañana y por la tarde. El resto de las doce o trece horas de sueño, las recuperarán por la noche perfectamente y de un tirón. Como norma general, pueden recordar lo siguiente: a los siete meses, los bebés son capaces de dormir de un tirón desde las siete de la tarde hasta las siete de la mañana siguiente. Algunos bebés olvidan de repente la comida de las once de la noche o la de las dos de la ma-

A LOS SIETE MESES, los bebés son capaces de dormir de un tirón desde las siete de la tarde hasta las siete de la mañana siguiente.

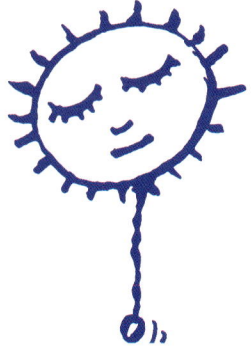

drugada, comidas que hasta ahora habían interrumpido su largo reposo nocturno; otros duermen, por regla general, siempre una hora más. A esa edad, los niños necesitan más de catorce horas de sueño diarias.

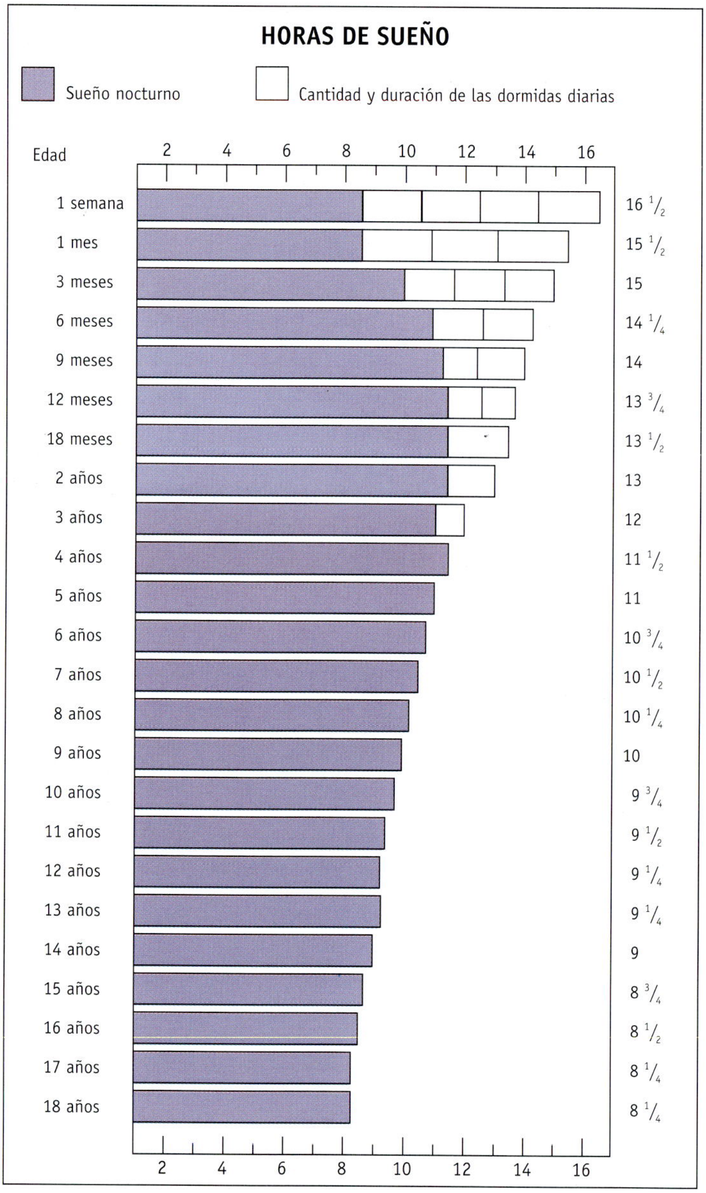
HORAS DE SUEÑO
Sueño nocturno
Cantidad y duración de las dormidas diarias
Edad
2 4 6 8 10 12 14 16
1 semana 16 1/2
1 mes 15 1/2
3 meses 15
6 meses 14 1/4
9 meses 14
12 meses 13 3/4
18 meses 13 1/2
2 años 13
3 años 12
4 años 11 1/2
5 años 11
6 años 10 3/4
7 años 10 1/2
8 años 10 1/4
9 años 10
10 años 9 3/4
11 años 9 1/2
12 años 9 1/4
13 años 9 1/4
14 años 9
15 años 8 3/4
16 años 8 1/2
17 años 8 1/4
18 años 8 1/4
2 4 6 8 10 12 14 16

Tabla 3: Promedio de necesidad de sueño de los niños según su edad. (Richard Ferber: *How to Solve Your Child's Sleeping Problems.*)

Los niños de un año apenas duermen catorce horas, la mayor parte por la noche (hasta doce horas de un tirón). La siestecita de la mañana la dejan más o menos a los 18 meses, lo cual implica que la siesta de la tarde se adelanta.

A los dos años, los niños duermen, por regla general, entre once y doce horas durante la noche y hacen una siesta de un par de horas a primera hora de la tarde.

Entre los tres y los cinco años dejan, en algún momento, de dormir la siesta. Aunque el niño ya sólo duerme por la noche –igual que los mayores–, su necesidad de sueño es aún superior a la de los adultos. A lo largo de estos años, se va reduciendo poco a poco, de las catorce horas del principio hasta las once horas definitivas.

En edad escolar, la necesidad de dormir también disminuye; las noches se acortan lentamente desde las diez horas al principio de la pubertad y durante el desarrollo hasta unas dos horas menos. A los dieciséis años se supone que los jóvenes necesitan, por lo menos, ocho horas de sueño para sentirse realmente bien. Lo mismo puede decirse de los adultos.

No es posible educar a un niño para que duerma más de lo que exige su evolución. No obstante, a veces impedimos involuntariamente que duerman lo suficiente, cuando no sabemos cuál es, en realidad, su necesidad de sueño y no identificamos las señales de que el niño está cansado. Todos los niños, también los llamados «dormilones», tienen a veces épocas en las cuales no hay manera de que se duerman por la noche.

SI LE PREOCUPA que su hijo no duerma lo suficiente, tome nota, durante un par de días, del tiempo que duerme a lo largo de las 24 horas. Para orientarse, utilice el acta del sueño que encontrará en el apéndice. A menudo, los padres comprueban que su hijo duerme más de lo que creían, pues gran parte de su necesidad de sueño se satisface durante el día.

Dormir más desde el principio

El niño aprende a distinguir el día de la noche
Despertar al bebé para las tomas nocturnas
Dormir por turnos con el bebé
Buenos y malos hábitos para dormirse
¿Dónde duerme mejor su bebé?
Para que al bebé le apetezca irse a la cama
Cuando su hijo ya es un poco mayor: rituales placenteros para dormirlo
Para que el bebé duerma de un tirón
Cuando el bebé está preparado para tener un horario fijo

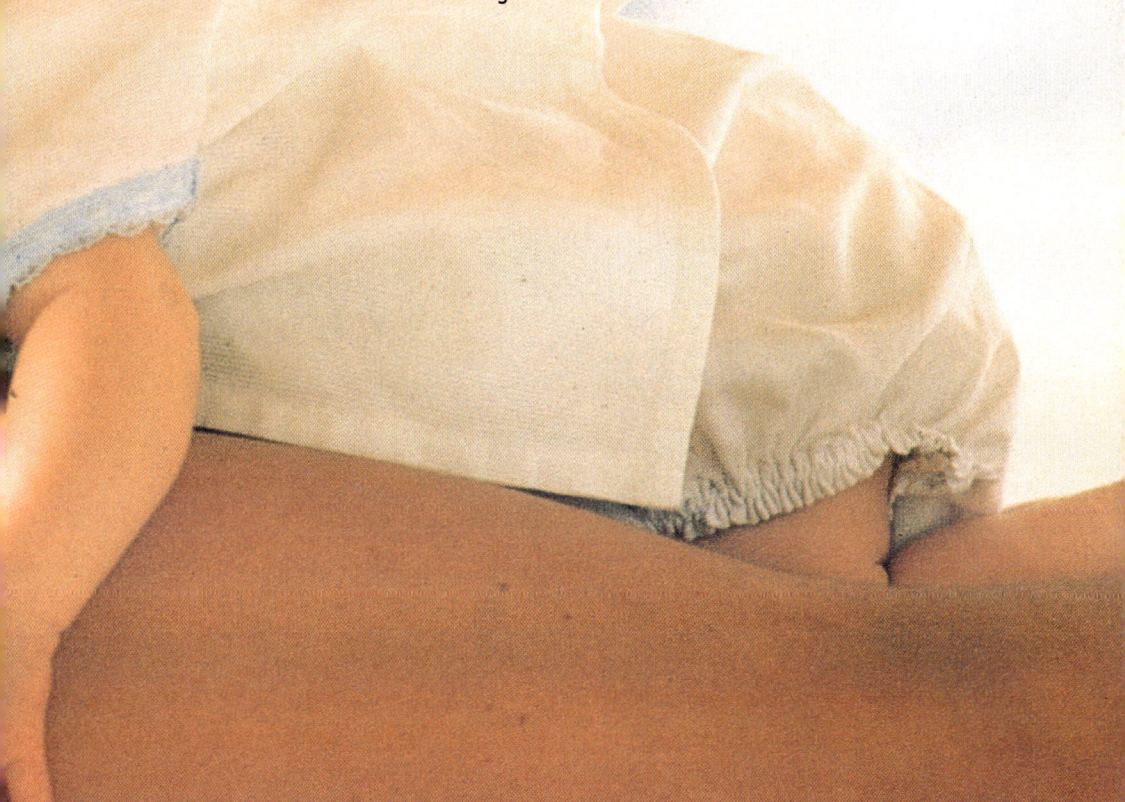

Dormir más desde el principio

El niño aprende a distinguir el día de la noche

CUANDO UN BEBÉ NO QUIERE dormir por la noche, normalmente se debe a que ha dormido demasiado durante el día.

Durante las primeras semanas de vida, el niño ya es capaz de empezar a establecer las diferencias entre día y noche. Con los siguientes consejos usted puede ayudar al bebé durante los primeros seis meses de vida a hacer que las noches resulten verdaderas noches. Cuando un bebé no quiere dormir por la noche, normalmente se debe a que ha dormido demasiado durante el día. En este caso, debe intentar sobre todo que el niño traslade a las horas del día la mayor parte de las ocho a diez horas de vigilia.

Durante el día

LOS BEBÉS QUE DUERMEN con frecuencia deben acostumbrarse a los ruidos cotidianos para que noten que vale la pena estar despierto a ciertas horas.

- Mientras su bebé tenga menos de seis meses, no lo aísle de los ruidos cotidianos habituales de la casa. **No** lo haga dormir en una habitación silenciosa. **No** cuelgue en la puerta durante el día el cartelito «Bebé durmiendo». **No** diga a sus hijos mayores que no deben hacer bulla, y no se preocupe si el perro ladra. El bebé está acostumbrado desde hace tiempo a todos estos ruidos; los ha estado oyendo durante el embarazo a través de usted. Además, él mismo se ocupará de que nada lo prive de dormir cuanto necesita durante el día. Si se despierta por un ruido y continúa despierto, significa que, por el momento, ya ha dormido lo suficiente. Las horas que no duerme durante el día, las recuperará, como debe ser, por la noche.
- ¿Qué podemos hacer si durante el día su casa está demasiado silenciosa y el bebé duerme sin cesar? En ese caso, tiene usted dos posibilidades: déle conversación, dedíquese intensamente a él mientras esté despierto, para mantenerlo despejado el mayor tiempo posible. Póngalo en su cuna sólo cuando también usted se vaya a la cama. El resto del tiempo llévelo con usted mientras desempeña las tareas domésticas o hace la compra, cuando cocina o toma café con una amiga en el bar. De esta manera, el bebé no sólo estará tranquilo, sino que participará a su manera de las distintas actividades y recibirá

más estímulos. Aprenderá que las horas del día son un tiempo interesante durante el cual suceden muchas cosas.
- Hasta los seis o siete meses, por lo menos, es mejor que su hijo duerma dos pequeñas siestas aislado en su habitación. En estos ratos es importante respetar el ritmo adecuado de esos dos momentos de reposo. A esa edad, despierte a su hijo sin sobresaltos en el caso de que, durante el día, duerma demasiado. Las fases más largas de vigilia deben ser a última hora de la tarde y a primera de la mañana, para que por la noche duerma sin problemas. Si le alarga la siesta de la mañana, le retrasa la de la tarde y, además, si ésta dura demasiado, el bebé no podrá dormirse a su debido tiempo. Un bebé de seis meses no debe dormir más de cuatro horas durante el día; en caso contrario, no dormirá bien por la noche.

UN BEBÉ DE SEIS MESES TIENE suficiente con cuatro horas de sueño durante el día.

Durante la noche

- Procure que por la noche haya la menor luz posible. Lo mejor es colocar en el dormitorio y en el baño lamparitas que sólo den la luz suficiente para que se pueda ver lo imprescindible. Puede colocar pequeños biombos en las lámparas, o bien lamparitas de mesa con bombillas de quince vatios en cada habitación para encenderlas por la noche.
- No se muestre muy comunicativa cuando le dé las tomas de la noche. Su bebé necesita alimentarse, pero no una madre que en todo momento reaccione a cada sonrisa. Es suficiente con que se muestre comunicativa durante el día. Así, el bebé apren-

LO MEJOR PARA SU BEBÉ ES que por la noche usted se muestre exactamente como se siente en ese momento: medio dormida, sin ganas de hablar y muerta de cansancio.

derá con mayor rapidez que la noche es para dormir y reposar, y el día para reír y jugar.
- Lo mismo vale para cambiarle los pañales. Haga solamente lo necesario, en el menor tiempo posible y en silencio. Evite paseos nocturnos con el bebé en brazos y asegúrese de que lo tiene todo a mano para cambiarle los pañales.
- Tan pronto como su bebé ya no se haga caca encima durante la noche (más o menos a partir del tercer mes), deje de cambiarlo durante esas horas. Utilice un pañal extragrueso nocturno, que lo mantenga seco hasta la mañana siguiente.

Despertar al bebé para las tomas nocturnas

Uno de los peores obstáculos con que se encuentran los recién estrenados papás es el de tener que despertarse a las dos horas de dormirse, justamente cuando se disfruta del sueño profundo. Despertarse en ese momento equivale a una tortura. Pero, por lo menos, pueden evitarlo una vez, al principio de la noche: despierte al bebé y déle de comer antes de irse usted a la cama. Así tendrá garantizadas dos horas de reposo absoluto.

Puede empezar a hacerlo en cualquier momento, a la segunda semana, o cuando a usted le parezca oportuno. La mayoría de las madres empiezan en el segundo o tercer mes. Es un buen momento, pues al tercer o cuarto mes, los bebés están ya psicológicamente preparados para dormir después de un tirón hasta las cuatro o las cinco de la madrugada. Muchas madres advierten esa posibilidad y la ponen en práctica con éxito.

Fije una hora concreta para la última toma, oriéntese según su propia hora de acostarse. Por ejemplo, si normalmente usted se acuesta a las once, el mejor momento para la última toma del bebé son las diez y media.

Dé de comer a su bebé todos los días a la misma hora, sin importar cuándo ha comido por última vez. Puede darse el caso de que al principio sea ésta la única toma diaria que haga a la misma hora. Durante el resto del día y de la noche siga alimentando a su bebé según lo que él necesite. Será lo mejor durante los primeros dos meses, tanto para la digestión como para la producción de la leche.

AL FINAL DEL SEGUNDO MES se han sintonizado la necesidad de alimento y la producción de leche materna. Por lo tanto, las tomas del bebé van haciéndose más regulares.

Dormir más desde el principio 29

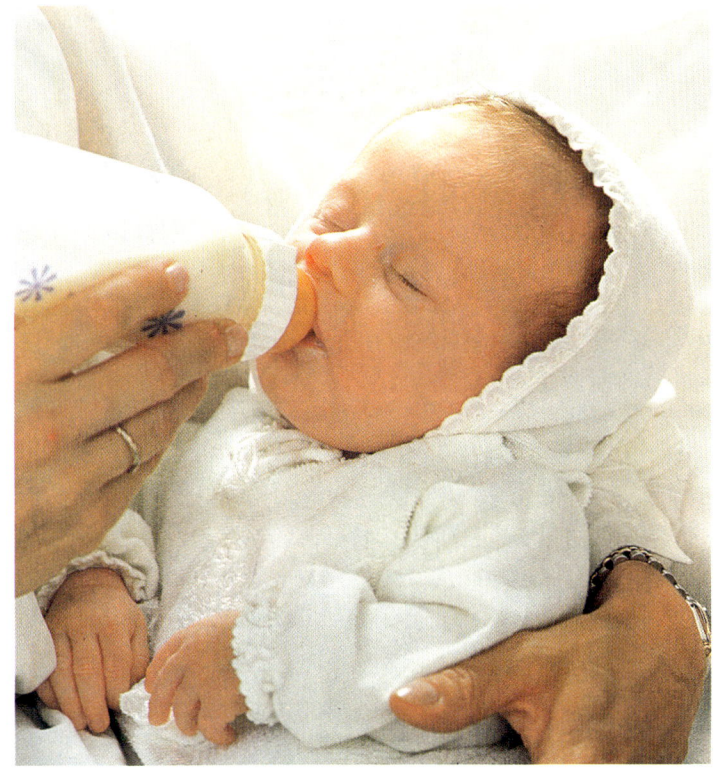

ES IMPORTANTE CUANDO SE da el pecho, beber suficiente líquido a lo largo del día y, por encima de todo, descansar a menudo. Lo que no se puede permitir es estar al límite de sus fuerzas cuando acaba el día.

Al principio, seguramente su bebé dormirá a la hora establecida para esta toma; despiértelo igualmente, sin tener en cuenta cuándo ha sido la última. Cuanto antes se acostumbre su bebé a la toma de esa hora, mejor se adaptará su organismo a ella. Muy pronto, el bebé se despertará a esa hora y tendrá hambre porque el resto de tomas se habrán desplazado proporcionalmente.

Mientras el bebé se acostumbra a esa toma regular, ésta será automáticamente cada vez más sustanciosa; el bebé comerá cada vez con más ganas. Si le da usted el pecho, puede hacer algo más. Prepárese durante una hora antes de esta toma, tómese un pequeño descanso, mantenga las piernas levantadas y relájese.

Desde el sexto o séptimo mes, los bebés pueden dormir de once a doce horas de un tirón, según su desarrollo particular –¡desde primera hora de la noche hasta primera hora de la mañana!–. Cuando su bebé empiece a hacerlo, se dormirá sin problemas después de la toma de la noche. Naturalmente, ¡si no lo despertamos!

Dormir por turnos con el bebé

Hay otra solución para que la madre pueda dormir más durante los dos primeros meses. Se trata de que el padre y la madre duerman alternativamente durante los primeros dos o tres meses en la habitación del bebé.

Cuando al padre le toque el turno de dormir con el bebé, lo acercará a la madre para que ésta le dé el pecho y después le cambiará los pañales en el cuarto del bebé. Es sorprendente lo que llega a dormir de más la madre si no se despierta a la primera señal del niño y si puede darle el pecho casi entre sueños. A lo largo de la noche todo se debe conjugar para que la madre recupere fuerzas. El descanso aumenta la producción de leche. El padre puede compensar la falta pasajera de horas de sueño cada dos noches, si en su noche «libre» duerme de un tirón sin ser molestado.

- Durante los primeros meses, déle el pecho o el biberón al bebé por la noche tan pronto como le sea posible, en cuanto el niño tenga hambre. Las tomas nocturnas todavía son imprescindibles, de modo que vale la pena no esperar a que el bebé llore a grito pelado. Si lo hace, se debilita y no se dormirá de nuevo con tanta rapidez.
- Sólo cuando el bebé sea lo suficientemente mayor para pasar la noche con menos comida debe darle la oportunidad de dormirse solito. Entonces es el momento adecuado para esperar y ver si se puede calmar sin su ayuda.

A partir del tercer mes, el padre puede dar al bebé una de las tomas con el biberón de leche materna extraída del pecho de la madre. Si esta práctica se adoptara antes podría afectar a la producción de leche. Entre la sexta y la octava semana, la leche materna mantiene un delicado estado de equilibrio entre la demanda y la oferta. A más tardar, a partir del tercer mes la madre podrá extraer un poco de leche después de dar el pecho y, a continuación, congelarla. Las madres que tienen leche recogen a lo largo del día suficiente cantidad para una toma nocturna. La leche se mantiene en buenas condiciones sencillamente en la nevera. Al calentarla, se debe tener cuidado de que no se caliente más de lo necesario y de que no pierda ninguna de las valiosas sustancias nutritivas que posee.

Buenos y malos hábitos para dormirse

Cuando a un niño pequeño le cuesta mucho dormir, hay un montón de cosas que los padres pueden hacer. Aún así, es preciso actuar con precaución, ya que algunas de estas ayudas pueden significar impedimentos para que duerma de un tirón.

Todos los niños se despiertan a medias unas cuantas veces todas las noches. Ese ligero despertar es parte de la evolución normal de las fases del sueño. Van cambiando con el tiempo y no suponen problema alguno. Sin embargo, se convertirán en un auténti-

SI SU BEBÉ, YA DE SEIS MESES, no duerme más de cuatro horas seguidas, ha llegado el momento de observar con atención sus hábitos de sueño y vigilia.

POR LO GENERAL, LOS BEBÉS están preparados para dormir sin interrupciones a los tres o cuatro meses de vida.

co calvario si el niño sólo aprende a dormirse en ciertas condiciones que no se dan por la noche cuando está medio dormido. Es entonces cuando su sistema pone en marcha la señal de alarma y acaba despertándose del todo. Naturalmente, en ese momento intenta reproducir las condiciones habituales de cuando está dormido, para poder continuar con su sueño. En los adultos ocurre lo mismo.

Mientras usted no pueda esperar del niño que duerma de un tirón, es decir, durante los primeros dos o tres meses, nada de lo que aquí se ha indicado molestará su sueño. Sólo cuando llegue a la edad en que puede dormir de un tirón vale la pena tener cuidado de que no desarrolle hábitos que le impidan luego dormir sin interrupciones. La mayoría de los bebés están preparados para dormir sin interrupciones a los tres o cuatro meses de vida, suponiendo que estén sanos y que no hayan nacido mucho antes de la fecha establecida, porque en el caso de niños prematuros deben recuperar todavía parte de su desarrollo.

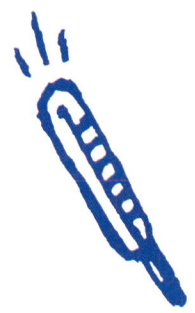

El bebé se duerme mientras come. En los recién nacidos es normal e inevitable, pero esta situación desaparece a medida que el bebé se va haciendo mayor. A muchos padres les gusta mantener ese hábito porque tener al niño en brazos y mirarlo mientras come felizmente, ya casi dormido, resulta una experiencia satisfactoria y relajante. Si su hijo duerme de un tirón, como le corresponde a cierta edad, no hay nada que objetar a que se duerma de esta manera. Pero tan pronto como el niño se despierte por la noche y necesite comer para continuar durmiendo, es mejor hacer una diferencia clara entre comer y dormir.

ES IMPORTANTE QUE USTED no vea las tomas sólo como una manera de ayudar al niño a dormirse.

Debido a esos hábitos para dormirse, el niño se acostumbra a las tomas nocturnas, que le impiden comer después durante el día lo que necesita. Intente paulatinamente dar de comer al bebé sólo cuando esté bien despierto y no tenga sueño. Si empieza a dormirse mientras come, no deje que continúe la toma y póngalo en la cuna. Por la noche, cuando se trate de dar al niño una toma abundante, puede organizarle la comida antes de cambiarlo y juguetear un poco con él. Cuando su bebé se quiera dormir mientras come, cámbiele los pañales para que se despierte y pueda acabar la toma.

El bebé necesita un chupete para dormirse. Mientras el bebé tenga una edad en la que todavía no se pueda poner solo el chupete en la boca –es decir, cuando tiene menos de un año–, la costumbre de acudir al chupete en el momento de dormirse se convierte en un impedimento para dormir de un tirón. El chupete se le cae de la boca tan pronto como se le relaja la mandíbula. Entonces se despierta porque echa en falta el chupete al iniciar el sueño siguiente. Es mejor que los bebés pequeños aprendan a «chuparse el dedo». Los dedos pueden encontrarlos con facilidad durante la noche. Además, debe tener en cuenta que muchos bebés ya han empezado a «chuparse el dedo» durante el embarazo.

Para un niño a partir de un año el chupete ya no supone ningún problema, ya que es capaz de encontrarlo fácilmente y ponérselo en la boca. Así, puede dormirse de nuevo él solo. Como medida preventiva se le pueden dejar unos cuantos chupetes al lado de la almohada para asegurarse de que encontrará alguno.

El bebé quiere dormirse en brazos. A la larga, los bebés que siempre se duermen en brazos y se despiertan en la cuna se sienten engañados. Naturalmente, los brazos son el lugar preferido de todos los bebés. Pero no lo duerma en brazos nunca porque estará en la cuna a media noche cuando se despierte.

LLEVE A SU HIJO EN BRAZOS todo lo que quiera, pero nunca haga de ello un medio para conseguir que se duerma.

LOS MÉTODOS UTILIZADOS en tiempos pasados para dormir a los niños se han olvidado injustamente. Cuando las familias eran numerosas, las madres no llevaban a los niños a la cama; lo hacían los abuelos, los hermanos mayores u otros miembros de la familia. Algunos métodos para dormir como dormir sin el pecho, biberón o chupete proceden de esa época.

UNA BUENA CUNA-MECEDORA balancea al niño como hacía el seno de la madre durante el embarazo.

Una cuna-mecedora es ideal para los bebés durante su primer medio año de vida. Si se mece la cuna, el bebé se podrá dormir solo desde el principio. La necesidad intensa y natural de movimientos que los balanceen se mantiene en los bebés hasta bien entrado el primer año de vida, aunque a partir del cuarto mes haya ido disminuyendo progresivamente. Esa intensa necesidad es la razón por la cual hoy, en que las cunas-mecedoras son raras, tantos niños son mecidos en los brazos del padre o de la madre.

Hace un tiempo los científicos descubrieron el porqué de la magia de mecer; una auténtica cuna-mecedora balancea con un ángulo y a un ritmo que recuerdan al bebé su primera «mecedora»: el seno de la madre durante el embarazo. Sorprendentemente, también las más antiguas canciones de cuna tienen un ritmo que coincide con el de la mecedora y un compás que se parece al latir sosegado del corazón de la madre.

Todo lo que se balancee puede ser utilizado como sustituto, si no se dispone de una cuna-mecedora. Tradicionalmente, se trataba de una cesta para la ropa, forrada y colgada de la pared. Hoy, existen las «Swing-O-Matics», sillas para bebé fijables que vibran. Resultan muy útiles cuando uno no puede llevar en brazos al bebé durante el día. También son estupendas las hamacas especiales para bebés, pues le protegen y son muy acogedoras. Incluso un cochecito de niño es una ayuda que debe tenerse en cuenta para conseguir que duerma en los primeros meses.

CUANDO EL BEBÉ SE BAÑA y chapotea acaba realmente cansado. Si usted observa que su bebé suele dormirse después del baño, puede conseguir que éste se convierta en el primer ritual para acostarlo.

Envolver bien a los bebés les recuerda el espacio que ocupaban dentro del seno materno. Por esta razón existe un antiguo truco de comadrona que funciona a la perfección: se envuelve al recién nacido con un tejido suave de algodón hasta el cuello, como si fuera un pequeño paquete. Así, el bebé nota en cada movimiento una ligera resistencia, igual a la que estaba acostumbrado en el seno materno. Cuando sus brazos y piernas se sobresaltan de forma involuntaria, el envoltorio le proporciona protección y evita que se asuste después del primer sueño.

El bebé sujeta la tela con su propio peso, así que no debemos temer haberlo ceñido demasiado. Tenemos que envolverlo ajustando mucho la tela para que ofrezca resistencia a sus ligeros movimientos y sacudidas. No se preocupe si no sabe cuándo su bebé ha superado la necesidad de que lo envuelvan; él mismo empezará

Dormir más desde el principio 35

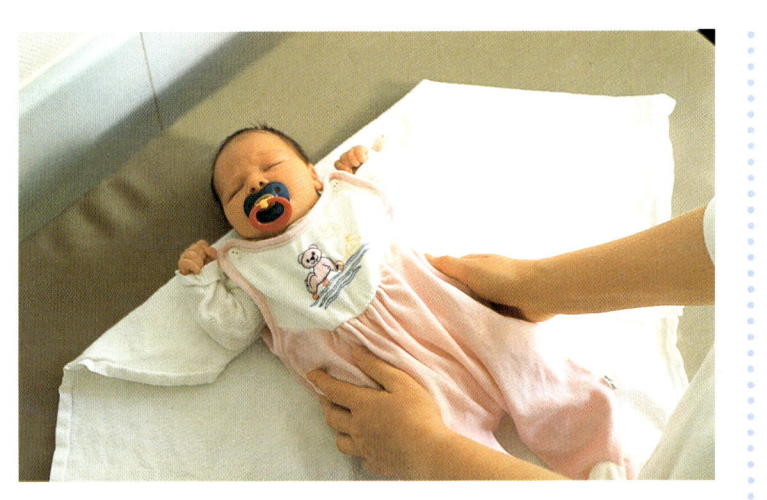

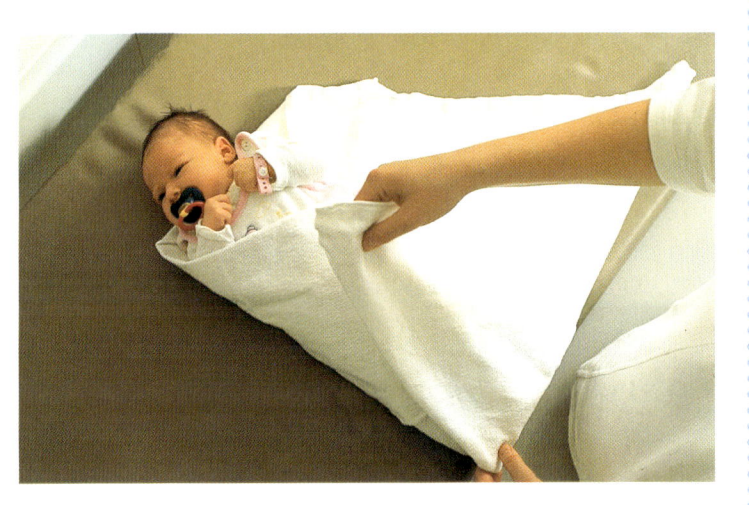

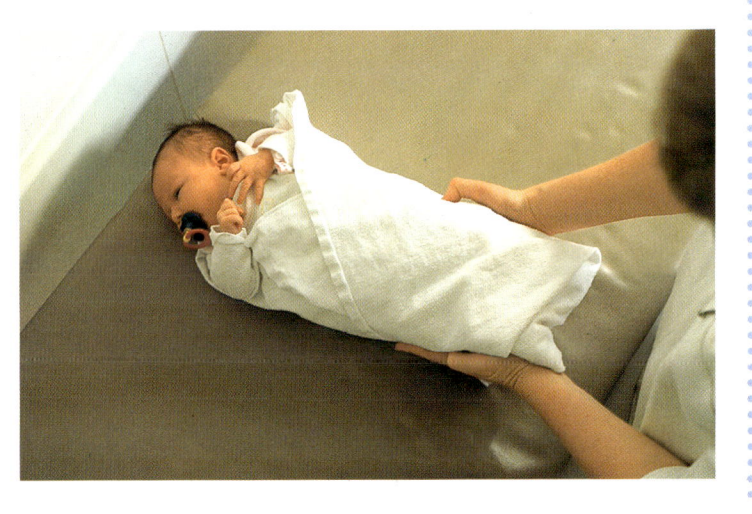

CUANDO ENVOLVEMOS BIEN al bebé, respondemos a su necesidad de notar calor y protección. Además, le ayudamos a relajarse y a estar tranquilo.

a sacudir los pies con fuerza hasta conseguir que la tela ceda. No existen recetas para esta situación, los bebés empiezan a no querer que los envuelvan a distinta edad.

¿Dónde duerme mejor su bebé?

Cada cultura tiene una respuesta genuina para esta pregunta. En cada parte del mundo los padres hacen dormir a los niños donde les parece que están seguros y lejos del ruido.

> **Cómo envolver correctamente a su bebé:**
>
> 1. Doble una punta, del ancho de dos manos, de una pieza grande de tela de algodón.
> 2. Coloque al bebé encima de la tela, de manera que la cabecita sobresalga de la punta doblada.
> 3. Envuelva al bebé, ciñéndolo con uno de los lados de la tela, y coloque la parte que sobra debajo de su espalda, procurando que no tenga dobleces ni arrugas.
> 4. No fuerce los bracitos del bebé por debajo de la tela, déjelos en su postura natural; las manos deben estar a la altura de la barbilla, para que pueda chuparse los dedos.
> 5. Doble la punta inferior de la tela hacia arriba, de manera que el bebé pueda estirar un poco las piernas si lo desea. En los primeros meses, los bebés acostumbran a mantener las piernas dobladas.
> 6. Envuelva a su bebé sin estirarle los bracitos ni las piernas, respetando su postura habitual.
> 7. Pase la otra parte de la tela ajustándola al cuerpo hasta colocarla de nuevo bien lisa debajo del bebé.

En los primeros meses, cuando el bebé necesita alimentarse a menudo por la noche, a las madres les resulta más fácil dormir junto al bebé para no tener que levantarse y esperar a que se duerma de nuevo. El miedo a aplastar al bebé si se comparte el colchón con él es totalmente infundado. Lo que se debe hacer es colocar los muebles de manera que el bebé no pueda caerse de la cama. Por ejemplo, arrime la cama hasta la pared y coloque al bebé entre usted y la pared. Otra opción es colocar de forma segura algunas almohadas y sillones arrimados a la cama. Normalmente, es mejor que el bebé descanse al lado de la madre. El espacio entre el padre y la madre no es el más apropiado para él.

SI DA DE MAMAR AL RECIÉN nacido, le supondrá una gran ventaja que éste duerma en su habitación.

LOS BEBÉS PUEDEN DORMIR en la cuna desde el primer día.

En su propia cuna o en su cuna-mecedora el bebé puede dormir en el lado de la cama de la madre. También se puede colgar del techo la cesta del bebé encima de los pies de la cama de los padres, de manera que se lo pueda mecer fácilmente con los pies. Las madres que duermen mejor cuando no comparten la cama con el bebé prefieren esta solución; de este modo, lo tienen igualmente muy cerca y están seguras de no pasar por alto ninguno de sus ruidos. A veces es posible desmontar uno de los lados de la cuna de manera que, cuando la arrimamos a la cama de la madre, ésta puede estar tranquila: tiene al bebé colchón contra colchón y, además, sabe que los otros tres lados ofrecen la necesaria seguridad al pequeño.

También existe la posibilidad de que duerma desde el principio en un cuarto para él. Si la distancia que lo separa del dormitorio de los padres es demasiado grande, no bastará con dejar la puerta entreabierta; necesitará un interfono especial para no perder el contacto acústico. Es importante que durante las primeras semanas de vida vigilemos siempre de cerca los ruidos que haga el niño.

LOS RECIÉN NACIDOS SE mueven hasta llegar a menudo a la cabecera de la cuna, ya que, desde el embarazo, están acostumbrados a notar resistencia. Forre la cabecera de la cama o bien coloque una tela enrollada contra los barrotes.

Coloque al bebé siempre boca abajo, o hacia un lado si en los primeros meses duerme lejos de usted y no lo puede ver ni oír directamente, pero nunca boca arriba. En las posturas aconsejadas, las secreciones saldrán más fácilmente por la boca y la nariz. El bebé no podrá atragantarse si devuelve un poco de leche ni peligrará su respiración. Cuando el bebé esté tumbado de lado, colóquele en la espalda una tela de algodón o una toalla enrolladas.

Para que al bebé le apetezca irse a la cama

LOS BEBÉS SE SIENTEN especialmente bien cuando la cuna huele a mamá.

A los bebés les gusta el olor de la madre. El sentido del olfato está muy desarrollado en los recién nacidos y el olor de la madre significa seguridad. Dé, pues, al bebé una prenda de su ropa y póngasela debajo del colchón. Puede ser una camiseta interior o de calle que usted haya llevado puesta un par de veces. No escoja nada con tirantes con los cuales el bebé podría ahogarse. El truco sólo funciona si la ropa desprende el olor del cuerpo de la madre, no el olor fresco de una crema o colonia.

Un cielo de color púrpura encima de la cuna-mecedora sumerge el mundo del bebé en luz rosada. Este color tranquiliza a los recién nacidos y protege especialmente bien su sueño. Un estudio científico lo ha comprobado. Se supone que les recuerda el tono rosado del seno materno. Pediatras antroposóficos recomiendan una cubierta roja en la cama para evitar el raquitismo: para ello se ponen dos trozos de tela translúcida, una encima de la otra; una color púrpura y la otra, azul celeste. También puede pintar las paredes de la habitación de color rosa, colocar cortinas rojas, o forrar las paredes de la cuna con tela.

Los ruidos repetitivos tranquilizan a los recién nacidos, sobre todo aquellos que recuerdan los latidos, las pulsaciones y los burbujeos que los rodeaban antes de nacer. Por esta razón, es una ayuda para los padres poner en marcha un aparato y tranquilizar al bebé con los zumbidos, los barboteos y el ruido de un humedecedor de aire, un aspirador o un secador de pelo. Un acuario, asimismo, puede cumplir esta función. Incluso existen cintas que reproducen los latidos y pulsaciones que el bebé ha conocido en el seno materno.

Unos cuantos peluches son una compañía estupenda que, sencillamente, «viven» en la cuna del bebé. Comparten su mundo y hacen de la cuna un sitio muy especial, que no está vacío y carente de vida, sino habitado por estos compañeros preferidos de sueño.

LOS RUIDOS REPENTINOS o los ruidos que cesan de golpe despiertan muy a menudo a los bebés.

EL RATO ANTES DE IRSE A dormir debe tener un orden conocido para el bebé ya crecido o para el niño pequeño. Ese orden establecido le facilita la rutina de despedirse del día y aceptar que empieza la noche.

Cuando su hijo ya es un poco mayor: rituales placenteros para dormirlo

Consiga que el último rato del día sea un momento sereno y acogedor, colmado de amor y sensación de estar protegido. Tomar esa precaución prepara corporal y mentalmente al niño para irse a dormir.

- Los juegos que requieren mucha actividad deben acabar una hora antes de acostarlo.
- Consiga que la última hora de vigilia siga siempre la misma secuencia. Por ejemplo: la cena, el baño, el lavado de dientes... Con el tiempo, el niño se habrá preparado interiormente para la noche.
- Cree un ritual sencillo para cada noche cuando se vaya a la cama. El ritual le proporcionará seguridad en su habitación. Podría consistir, por ejemplo, en llevar al niño en brazos a su habitación, una vez allí acercarlo a su cuadro preferido y después hacer que desee buenas noches a sus peluches más queridos.
- Si ya es mayorcito, puede llevar él mismo la muñeca o el peluche a la cuna. Después, acueste al niño en la cuna junto a su peluche y tápelo; al final los dos deben recibir un beso de buenas noches. Asimismo, puede cantarle una canción cortita o encender un reloj musical antes de salir de la habitación y dejarle la puerta entreabierta.
- A muchos niños pequeños o que empiezan el parvulario les hace bien recordar antes de dormirse lo que han hecho a lo largo del día. Este pequeño ritual se llama «¿Qué tal has pasado el día?». Al principio serán los padres quienes recordarán al niño lo ocurrido desde que se despertó hasta ese mismo momento. Al final, el niño contará solo sus andanzas y el padre o la madre escuchará de manera que se podrá establecer un diálogo. De esta forma, se facilita que el niño pueda expresar todo lo que le preocupa; es un momento óptimo para comprenderlo y darle consejos.
- Si usted da educación religiosa a su hijo, es el momento de rezar una oración que lo incite a hablar un poquito y hacer que se sienta seguro.

QUIZÁ EN LA PARED DE ENCIMA de la cama esté colgado el cuadro de un ángel de la guarda o bien otro símbolo protector. Estas cosas ayudan a los niños de esta edad a abandonarse al sueño, justo cuando su fantasioso mundo está muy vivo y lleno de magia.

Para que el bebé duerma de un tirón

Las tomas nocturnas provocadas por el hambre «aprendida» –es decir, hambre por costumbre a una edad en la que el niño debe haber comido ya lo suficiente durante el día– son la segunda razón por la cual los niños tienen problemas de sueño. A menudo su origen está en hábitos erróneos adquiridos para dormirse como, por ejemplo, tomar el pecho de la madre o el biberón antes de irse a la cama.

Cuando el bebé
ya no necesita nada más por la noche

El pecho o el biberón son, sin duda, la manera más sencilla de tranquilizar al bebé o al niño pequeño por la noche. Y si a usted no le importa darle el pecho al niño por la noche no hay ninguna razón para dejar de hacerlo. Mientras a usted no le moleste que su bebé se despierte durante la noche, no hay motivo para privarlo de ese placer; su hijo dormirá lo suficiente, y esperamos que usted también.

Sin embargo, llega un día en que el organismo del bebé se ha adaptado a estas tomas. Para que no ingiera demasiadas calorías, su reloj interior regulará el apetito. Durante el día disminuirá y el bebé se continuará despertando por la noche porque tiene hambre, aunque, en realidad, ya podría dormir perfectamente de un tirón. Si su bebé ya es mayor insistirá en mantener el hábito, y será difícil desacostumbrarlo en el momento en que a usted ya le parezca necesario hacerlo. Aunque, en realidad, conseguirlo es posible (véase en la página 69 cómo se puede desacostumbrar a los bebés y niños pequeños de las tomas nocturnas).

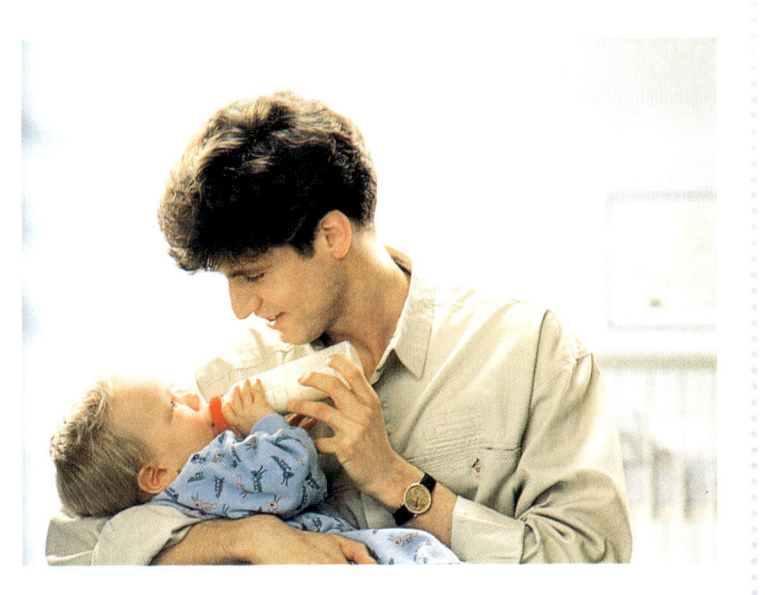

A LA LARGA, LAS TOMAS nocturnas que no son necesarias provocarán noches inquietas.

NO ES NINGÚN PROBLEMA que una o dos noches dé una toma a su bebé, pero más de tres noches podrían convertirlo en costumbre.

Aproximadamente a partir del tercer mes, usted debe dejar de reaccionar de inmediato ante cualquier manifestación ruidosa del bebé. Quizá esté intentando «cantar» para conseguir dormirse solo. Esto también vale cuando el bebé no se duerme después

SI DUDA QUE SEA EL HAMBRE lo que despierta al bebé, fíjese en la cantidad que come.

de la toma de la noche. Usted se dará cuenta enseguida del momento en que el bebé se empieza a poner de un mal humor que le costará quitarse de encima.

Retrasar las tomas de la noche

Los consejos que vienen a continuación van dirigidos a los padres para quienes es importante que el bebé abandone las tomas de la noche tan pronto como sea posible, es decir, del tercer al cuarto mes. Si su bebé ya tiene más de seis meses, lea a partir de la página 69 cómo puede hacerle dejar las tomas nocturnas.

> **Se trata de lo siguiente:** cuando el bebé se despierte por la noche haga todo lo posible para retrasarle la toma. Si el bebé la olvida y se duerme, ya ha recorrido la mitad del camino. Usted puede hacer todo lo que le tranquilice o le distraiga. Como último recurso puede darle té de hinojo calentito o agua, en el biberón. No debe ser ésta la primera ocasión en que dé biberón al bebé criado con leche materna; inténtelo primero de vez en cuando durante el día.

¿CUÁNDO DEBEMOS EMPEZAR? A la pareja o a la abuela les conviene esperar hasta un jueves o viernes por la noche, así, el sueño perdido se podrá recuperar el fin de semana. Tenga cuidado de que el bebé se encuentre bien y no, por ejemplo, acabándose de curar de un resfriado.

Ahora necesita a su pareja: como hombre, puede tranquilizar con mucha más facilidad al bebé, justamente por el hecho de no amamantarlo. Cuando el bebé, en brazos de la madre, siente y huele los pechos, le entran, como es lógico, ganas de comer. Los pechos no sólo representan para él una fuente de alimento sino, sobre todo, el agradable placer de mamar.

Es importante apaciguar la ansiedad del bebé, pero no necesariamente por la noche.

Si usted vive sola y es la que educa al bebé, plantéese quién podría ayudarla por la noche. Quizá tenga alguna amiga que suela acompañarla durante el día. En el caso de que no pueda acudir a nadie, intente esconder los pechos de manera que el bebé no los pueda notar cuando lo coja en brazos. Resulta útil un chaleco sin mangas que tenga un buen forro, o bien un albornoz grueso.

Se hace de la siguiente manera:

- El bebé toma su comida establecida por la noche, antes de que usted se acueste. Si se despierta durante la noche, espere a ver si se tranquiliza por su cuenta.
- Si no lo consigue, acérquese a él e intente que se duerma con palabras, caricias, canciones de cuna, el reloj musical y cosas parecidas, sin sacarlo de la cuna. Es muy práctico balancear al bebé dentro de la cuna-mecedora. Si está al lado de la cama de los padres resultará más cómodo mecerlo, pues usted no tendrá que levantarse.
- Si con estos pasos no obtiene el éxito deseado, tome al niño en brazos. Cámbiele los pañales y acuéstelo de nuevo en la cuna.
- Si el pañal nuevo tampoco le ha servido de nada, camine con el niño en brazos. Evite la postura de darle el pecho. La mejor manera de llevar a su hijo es la posición «Neck-Nestler» (véase explicación al margen). Susurre algo al bebé mientras camina con él en brazos. Cuando le parezca que está a punto de quedarse dormido, devuélvalo con cuidado a la cuna.
- Sólo en el caso de que nada de esto haya servido, déle al bebé un biberón con té de hinojo o agua, que deberá tener preparado, por si acaso, antes de acostarle. Tal vez así deje de llorar y se duerma.

¿Hasta cuándo debe alimentar al bebé por la noche?

En los primeros dos meses de vida los bebés tienen que ser alimentados a todas horas, con pequeños intervalos, de dos a cuatro horas. Este rimo cambiará pronto.

De los tres a los cuatro meses, los bebés ya están en condiciones de aguantar hasta seis horas por la noche sin alimento. De los seis a los siete meses, la pausa nocturna sin alimento se habrá doblado hasta llegar a las once o doce horas. El cambio se produce a veces muy lentamente, pero a menudo ocurre de forma repentina: el bebé abandona de pronto la toma de la noche sin necesitar ningún sucedáneo.

«NECK-NESTLER» es el nombre con que el pediatra estadounidense William Sears –padre de ocho hijos– denomina a su exitosa postura para hacer dormir: mantenga al bebé sentado, derecho en el brazo, con la cabecita bajo su barbilla y arrimado al pecho. En esa postura podrá golpearle o acariciarle la espalda con la mano que le queda libre. Y si le susurra o le canta algo, la vibración de su laringe llegará directamente a la criatura.

- También se puede dar el caso de que el bebé rechace el té de hinojo o se despierte de nuevo enseguida. En ese caso, habrá usted conseguido, al menos, su primer objetivo: retrasar considerablemente la hora de la próxima toma. Ésa sí la necesita el bebé sin falta. Pero quizá después de esta experiencia, a la noche siguiente coma y duerma más sin despertarse.

Atención: No debe utilizarse este método más de cuatro noches seguidas porque podría ser perjudicial para el bebé.

Cuando el bebé está preparado para tener un horario fijo

Un bebé de seis meses está ya preparado para obedecer a un horario fijo, aunque es recomendable empezar en el cuarto o quinto mes a introducir de manera progresiva cierta regularidad a lo largo del día. Tan pronto como el bebé muestre una disposición relativamente previsible para aceptar un horario fijo ha llegado el momento oportuno.

EXISTE UNA REGLA IMPORTANTE: tan pronto como el bebé pueda sentarse, está psicológicamente preparado para satisfacer su necesidad calórica durante las horas del día y poder aguantar desde primera hora de la noche hasta primera de la mañana sin alimentarse.

Por qué conviene establecer un horario regular

No es posible obligar a nadie a tener sueño. A un adulto le resulta muy difícil evitarlo cuando empieza a sentirlo. Si queremos que un niño se duerma regularmente a una hora determinada es necesario que tenga sueño a esa hora. De modo que da igual lo que se haga –sacarlo a pasear con el coche, colocar su cestita encima de la lavadora en funcionamiento, tenerlo en brazos y cantarle canciones de cuna, ser estricto y dejarlo «sencillamente» gritar–, nada en el mundo puede hacer dormir a un niño si su barómetro psicológico –la temperatura corporal, la cantidad de cortisol, etcétera– indica que está en una fase de vigilia. Por el contrario, el niño se dormirá sin problemas si su reloj interior está puesto a la hora justa de irse a dormir.

¿Es perjudicial alimentar a un bebé cuando él lo exija?

Para adquirir un ritmo biológico, el horario regular en las comidas es tan importante como el horario regular del sueño. Usted se ocupa de que el niño esté hambriento a las horas acostumbradas y pueda comer, así como de que no lo esté a las horas en que el hambre pueda distorsionarle el sueño. Naturalmente, este principio no puede aplicarse desde el primer momento: hasta los tres meses o, en el peor de los casos, hasta el final del primer medio año, los horarios fijos no empiezan a ser cada vez más importantes para el bebé. Hoy se sabe que es una verdadera torpeza alimentar a un recién nacido siguiendo el horario estricto de cada cuatro horas. Los pediatras recomiendan desde hace muchos años que se alimente a los bebés según lo que ellos mismos pidan.

No se puede sobrealimentar a un bebé. En muy raras ocasiones ocurre que un bebé no coma lo suficiente. Una comadrona o

¿ES POSIBLE QUE TENGA hambre de nuevo?
Es la pregunta que más se plantean los jóvenes padres al principio.

EN EL CASO DE QUE SU BEBÉ tenga un horario completamente imprevisible a los cuatro o cinco meses, es conveniente que rellene durante unos días el acta del sueño que encontrará en el apéndice.

un pediatra se darían cuenta enseguida si siguen el desarrollo del pequeño. El problema más frecuente, en el caso de la alimentación según demanda, es que el bebé coma muy a menudo, pero nunca tanto como para quedar satisfecho y poder pasar sin nada las horas siguientes. Esto significa, por supuesto, que el bebé tampoco podrá dormir lo suficiente. El reloj interior no se puede programar. Posiblemente, el bebé seguirá un ritmo diurno y nocturno del todo caótico.

En este caso, el bebé debe aprender a ingerir auténticas comidas en vez de pequeñas tomas muy seguidas.

Así puede establecer un horario fijo

SI USTED YA SABE DE antemano cuándo se despertará y cuánto dormirá su bebé, puede organizarse para obtener más rendimiento de sus ratos libres.

Hasta ahora, usted estaba acostumbrada a interpretar con acierto las señales de su bebé y a responder a sus necesidades tan pronto como le era posible. Ha llegado el momento de estructurar un poco más su mundo. Esto significa que también para usted habrá una estructura fija. Quizá advierta que mantenerse dentro de tal estructura exige también de usted cierta disciplina.

Establecer una estructura fija significa que, para empezar, usted debe señalar a lo largo del día puntos fijos que se desarrollarán a diario a la misma hora, al igual que la toma con horario fijo a última hora de la noche. La principal tarea, de momento, será intentar que las horas de comer, jugar, bañarse, pasear, etcétera, se vayan estabilizando cada día más. De esta manera, los horarios de sueño del bebé también se volverán automáticamente más regulares. Tan pronto como el pequeño empiece a reducir las tres siestas diarias a dos, podrá usted decidir poco a poco cuál será el mejor ho-

> **El mejor ritmo para su bebé.** A partir de los seis meses, oriéntelo según el ritmo de usted: ¿A qué hora se acuesta usted? ¿A qué hora acostumbra a levantarse? ¿Le interesa que el bebé duerma por la mañana tanto como sea posible o es más importante para usted que por la noche se vaya temprano a la cama? Si tiene hijos mayores, el horario de éstos también debe ser tenido en cuenta.

rario. El momento ideal para hacer el cambio habrá llegado cuando el bebé ya no se duerma durante el día a las mismas horas que dormía la semana anterior. Decida, pues, el momento en que quiere que el bebé se duerma, y, en cuanto llegue a dormir dos veces durante el día, empiece a dejarlo en la cuna a las horas convenidas.

Posible organización del tiempo

Los bebés de seis meses duermen un promedio de 14 horas diarias. Si un niño hace dos siestas de tres horas en total, aún debe dormir once horas por la noche. Lo mejor es que usted organice el ritmo del bebé de manera que entre las dos siestas esté despierto, por lo menos, entre tres y cuatro horas. El período de vigilia más largo debe ser antes de la noche. Si quiere que su hijo se duerma temprano por la noche, el plan diario podría ser el siguiente:

- Reposo nocturno: de las 20:00 a las 7:15, aproximadamente.
- Siesta de media mañana: de las 10:00 a las 11:30, aproximadamente.
- Siesta de la tarde: de las 14:30 a las 16:00, aproximadamente.

Si para usted es importante que el bebé duerma hasta más tarde por la mañana, puede retrasar todos los horarios una hora. Si el bebé tiende a dormir por la noche doce horas, reduzca en proporción las siestas diurnas. No olvide que por la tarde sólo debe dormir hasta las 16:00; de otra manera, a las 20:00 no tendría sueño y su ritmo se retrasaría. En este caso, sería conveniente un horario de este tipo:

- Reposo nocturno: de las 20:00 a las 8:00, aproximadamente.
- Siesta de media mañana: de las 11:00 a las 11:45, aproximadamente.
- Siesta de la tarde: de las 14:45 a las 16:00, aproximadamente.

Si su bebé es de los que necesitan dormir más que el promedio, debe usted reducir las fases de vigilia en proporción y acostarlo de nuevo por la mañana a las 10:00 o 10:30.

Mientras el niño se va acostumbrando al horario fijo, es conveniente despertarlo siempre con puntualidad. Muy pronto habrá asimilado el ritmo y se despertará solo. Usted le ayudará a con-

EL BEBÉ DEBERÍA ESTAR despierto tres o cuatro horas entre siesta y siesta.

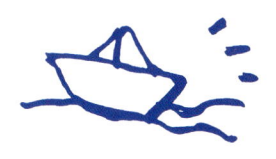

NO TENGA MIEDO de despertar a su hijo. Puede estar segura de que duerme exactamente lo que necesita.

seguirlo si al organizar la rutina cotidiana lo alimenta siempre en el mismo sitio.

A la larga, es muy difícil evitar de vez en cuando excepciones en el ritmo fijado. Pero tenga en cuenta que cuanto más acostumbrado esté el bebé al horario, más fácil le será volver a él si alguna vez lo tiene que romper. Por esa razón, durante las dos o tres primeras semanas, conviene no salir demasiado de casa.

Lo que le resultará tal vez más difícil es acostumbrarse al reducido tiempo que el nuevo esquema habrá dejado para usted. Los paseos, las compras –todas aquellas actividades en el transcurso de la cuales el niño dormía antes de producirse el cambio– sólo podrá hacerlas si el bebé está despierto y no tiene sueño. En caso contrario, provocaría un auténtico caos en el ritmo del bebé.

Visto desde un punto de vista positivo, nos daremos cuenta de que, de esta forma, el bebé pronto dormirá a horas fijas. Muchos bebés incluso empiezan a dormir más horas tan pronto como han asimilado el nuevo ritmo.

Cuando el niño ha asumido el horario del día, es decir, al cabo de unas tres semanas, ya no representará ningún problema tener que hacer una excepción. Ni siquiera si durante un viaje de fin de semana el orden se quiebra por completo. El bebé volverá al ritmo acostumbrado al cabo de pocos días. Lo mismo puede decirse cuando los cambios se producen a causa de una enfermedad del niño o al salirle los dientes.

Si hay un hermano mayor que sólo hace una siesta durante el día, lo mejor es que la termine a la misma hora que una de las del bebé. Así podrá usted aprovechar mejor el tiempo. Si su hijo mayor estuviera en una edad en la que ya no duerme durante el día, debe conseguir que respete una hora de silencio mientras el pequeño duerme.

A partir del noveno mes, los bebés desarrollan la capacidad de rebelarse contra el sueño. En estos casos, no se duermen enseguida, aunque tengan sueño, sino que retrasan considerablemente la hora de dormirse hasta que, en un momento dado, están muertos de cansancio y se muestran en extremo irritables.

En este caso, puede seguir algunas reglas que, tomadas a tiempo, resultan muy efectivas:

- Evite que vengan otros niños antes de las tres de la tarde.
- Cuelgue un cartelito en la puerta donde diga «Por favor, silencio, bebé durmiendo».
- Conecte el contestador automático para que no suene el teléfono.

Si usted comparte este tiempo con su hijo mayor pronto esperará con ilusión esa hora diaria.

Cómo cambia poco a poco el ritmo

Mes a mes cambia ligeramente la necesidad de sueño del bebé. Fíjese en la tabla de la página 22: a los nueve meses, los bebés duermen casi tanto como a los seis, pero la siesta de la mañana se ha reducido en beneficio de las horas de sueño nocturno. La siesta de la mañana variará poco en los meses siguientes.

En los niños de un año también es más corta la siesta de la tarde, mientras que se alargan las horas del reposo nocturno. La necesidad de sueño equivale, como promedio, a media hora menos al año que a los seis meses. El ritmo de su bebé se adaptará fácilmente al cambio.

Si el bebé se acostumbra a hacer sólo una siesta se dará cuenta de que por la mañana no tiene sueño. Continuará jugando en vez de dormir. Ocurre normalmente en algún momento entre el año y el año y medio. Las madres que ya tienen un hijo mayor esperan con ilusión este cambio, pues, a partir de entonces,

ES IMPORTANTE QUE LOS hermanos mayores no estorben el sueño del bebé.

resulta mucho más sencillo que los dos niños duerman a la vez. Si se da ese caso, puede intentar que a los nueve o diez meses el bebé se acostumbre a hacer solamente una siesta.

- Acueste a su hijo entre una y dos horas más tarde y deje que duerma tanto como quiera. De esta manera, le resultará más fácil evitar que duerma por la tarde. No necesita ser muy estricta. Al principio es posible que unos días duerma una siesta y otros no.

A los nueve meses, los horarios en que el bebé debe dormir pueden ser:

- Reposo nocturno: de las 20:30 a las 8:15.
- Siesta de la mañana: de las 11:00 a las 11:45.
- Siesta de la tarde: de las 14:30 a las 16:00.

Al año:

- Reposo nocturno: de las 20:30 a las 8:30.
- Siesta de la mañana: de las 11:00 a las 11:45.
- Siesta de la tarde: de las 15:00 a las 16:00.

ENTRE EL FINAL DE LA SIESTA vespertina y la hora de dormir por la noche el bebé debe pasar de tres a cuatro horas despierto.

- Con el tiempo, la siesta se puede trasladar a la tarde. Dependerá de las necesidades de la familia. Cuanto mayor sea su hijo, más fácil le resultará adaptarse a cualquier cambio.
- Muchos padres organizan el horario cotidiano de sus hijos de manera que no se duerman hasta las 21:00 o las 21:30, según la hora en que el padre o los padres lleguen a casa del trabajo. El lapso entre las 19:00 y las 21:00 puede ser el más importante para la vida familiar. En este caso, debe tener en cuenta que el niño se acostumbra a dormir la siesta vespertina bastante tarde. Seguramente, entonces será más larga y, en cambio, el reposo nocturno más corto de lo normal.
- En algún momento, el niño deja de dormir la siesta. Acostumbra a ser al tercer o cuarto año de vida. Si su hijo de tres años no quiere irse a la cama por la noche a una hora prudente y no se duerme antes de las 21:00, es una señal de que ya no necesita la siesta.

- Si usted prefiere que se vaya a dormir una hora antes, haga desaparecer la siesta. No es una rareza que quiera usted sentarse en el sofá y leer un libro o tener una hora de tranquilidad para escuchar música, en vez de esforzarse por estar medio dormida al lado.

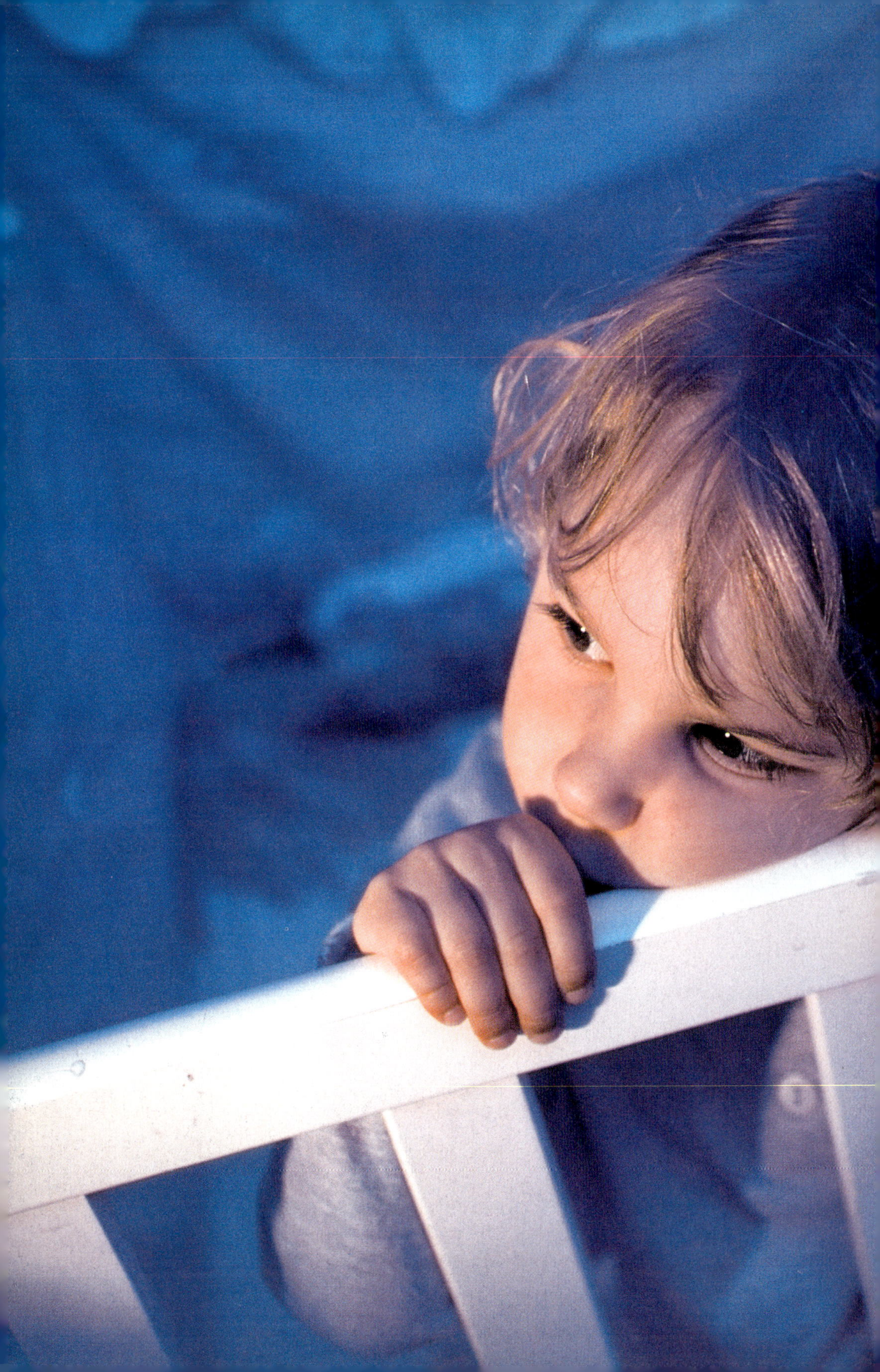

Solucionar problemas del sueño

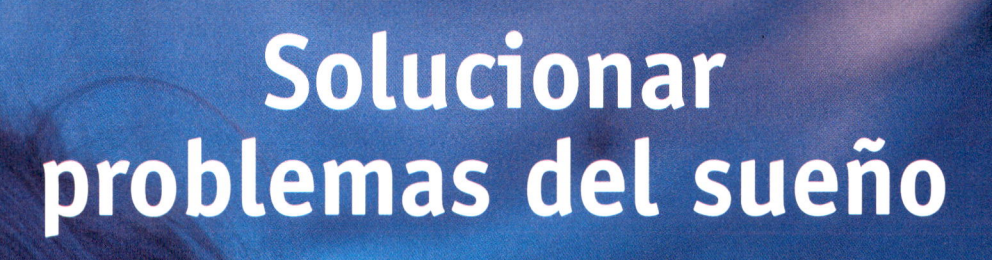

- Si su hijo no duerme a su debido tiempo
- Malos hábitos para dormir
- El método Ferber

Solucionar problemas del sueño

Si su hijo no duerme a su debido tiempo

MUCHOS PADRES DEDICAN las veladas al bebé de nueve meses mientras están en el salón, pues el niño se encuentra muy activo después de haber dormido de las 19:00 a las 21:00.

Éste es un problema muy extendido y la mayoría de veces se cree que la causa es que el bebé toma el pecho y se lo pone en la cuna cuando ya está dormido. Muchos padres no saben que, en los primeros tres o cuatro meses, es lo más razonable. Más tarde llegará el momento de los horarios fijos.

En este capítulo puede usted aprender cómo ayudar al bebé a desarrollar cierto ritmo que se adapte al del resto de los miembros de la familia. Hasta ahora el ritmo de su hijo había exigido que fuera usted quien se adaptara.

Algunos padres pasean al bebé durante más de dos horas cada noche para dormirlo. Pero el niño sencillamente no está cansado. Todo lo que conseguimos paseándolo es que adquiera malos hábitos. Si no se le inculca al mismo tiempo en el reloj interior la necesidad de seguir el ritmo adecuado de día y de noche, a veces no es suficiente con desacostumbrarlo.

Como consuelo: las dificultades para dormir a un niño son tan fáciles de superar como molestas para los padres mientras persisten. Una vez superadas, éstos se preguntan por qué las han tenido que soportar tanto tiempo.

Desplazar los horarios del sueño

EL RELOJ INTERIOR DE su hijo se puede readaptar en breve tiempo con un poco de maña.

El hecho de no poder cambiar de repente nuestros horarios de sueño tiene su explicación en el ritmo biológico de cada uno. Incluso cuando el ritmo del niño nos parece caótico, su cuerpo continúa organizándose en fases de vigilia y fases de sueño. Estos ritmos son los responsables de que a una hora determinada el niño se duerma y se despierte o de que en otros momentos —por ejemplo, cuando usted opina que debería dormir— no esté en condiciones de hacerlo. La cuestión no tiene nada que ver con el hecho de que él no quiera dormir, lo que ocurre es que no puede hacerlo.

Si lo único que hacemos es llevar al niño a la cama todos los días a la misma hora, no habremos, por desgracia, ganado dema-

Los niños con un ritmo incorrecto duermen mucho durante el día y, por el contrario, a última hora de la tarde, por la noche o a primera hora de la mañana dedican ratos larguísimos a jugar. En un caso extremo se puede llegar a una especie de inversión entre el día y la noche. En la mayoría de los casos, los padres se quejan de que su hijo está por la noche demasiado tiempo despierto, o de que por la mañana se despierta muy temprano. Un niño con una falta de regularidad acostumbra a dormir menos que el promedio aconsejado para su edad. Lo cierto es que la irregularidad perjudica un desarrollo corporal óptimo.

siado. No cuenta que los padres sean muy estrictos o intenten ayudarle a que se duerma. El niño no puede dormir mientras su reloj interior continúe marcando una fase de vigilia. Si quiere cambiarla, no sólo tiene que fijar la hora de irse a la cama. Debe procurar, sobre todo, que el niño se despierte a una hora determinada tanto por la mañana como durante el día. Normalmente, también se deben cambiar los horarios de las comidas. Los cambios del horario cotidiano se pueden lograr con facilidad si se desplazan todos los horarios de manera progresiva según un esquema establecido de antemano. Por ejemplo, cada día diez minutos, o bien quince minutos cada dos días, hasta que se haya conseguido el ritmo deseado.

Si su hijo se duerme todos los días muy tarde

Acepte por lo pronto el ritmo de su hijo. Déjelo seguir despierto sin preocuparse hasta el momento en que realmente se duerma. No se esfuerce en meterlo en la cama antes de lo que él quiera.

La ventaja: su hijo caerá dormido apenas esté en la cuna y ya no intentará remolonear. Tampoco se quedará despierto durante horas ni le tendrá miedo a los monstruos. Se dormirá fácil y rápidamente, poco después de acostarse.

SI SU HIJO YA VA al parvulario o a la escuela y tiene que salir por la mañana temprano de casa, la hora de levantarse durante el fin de semana debe continuar siendo la misma.

Los cambios se producirán cuando empiece a levantarlo más temprano por la mañana. Fíjese a qué hora se despierta normalmente, y despiértelo diez minutos antes al día siguiente o quince minutos antes cada dos días. Si su hijo dormía hasta las diez, levántelo el primer día a las 9:50, el segundo a las 9:40, etcétera.

Después de haberle adelantado la hora de levantarse, adelántele también la hora de acostarse por la noche. Si el niño solía acostarse a las 22:00, acuéstelo a las 21:50, al día siguiente a las 21:40, etcétera.

Si su bebé continúa durmiendo la siesta debe tener cuidado de que ésta no se alargue demasiado. Despiértelo de la siesta sin sobresaltarlo a la hora establecida. Aunque su hijo ya no está en la edad de hacer la siesta, quizá le guste hacerla. Pero nunca debe considerarla obligatoria. Su bebé estará seguramente adormilado durante el día si lo ha despertado antes por la mañana; sin embargo, en ningún caso debe dejar que vuelva a dormirse. Por

EN CUANTO SU HIJO SE empiece a levantar por la mañana puntualmente –incluso durante el fin de semana–, puede estar seguro de que su reloj interior ya se ha readaptado.

LOS NIÑOS QUE TIENDEN a despertarse muy temprano tardan más tiempo en cambiar la hora de levantarse por la mañana que en cambiar los demás horarios. De modo que necesitan más tiempo para completar su readaptación que los «niños búho».

la noche estará realmente cansado y se dormirá antes de la hora acostumbrada.

Si dormía la siesta más bien al acabar el día, debe asimismo adelantársela según la pauta establecida. En los niños pequeños lo mismo vale para el horario de las comidas. Todo se adelanta diariamente diez minutos.

¿Tiende su hijo a levantarse temprano?

Si su hijo tuviera que dormir más por la mañana, significa que por la noche también debe acostarse más tarde. Empiece a retrasarle cada día diez minutos la hora de ir a dormir.

¿Está su hijo acostumbrado a dormirse de nuevo pocas horas después de haberse despertado temprano por la mañana? En este caso, debe retrasar ese sueño. ¿Está ya en edad de necesitar sólo una siesta al día? En tal caso, puede retrasar esa siesta temprana hasta el mediodía. Tan pronto como su hijo consiga abandonar la siesta de primera hora de la mañana empezará a alargar el tiempo del reposo nocturno.

¿Está su bebé acostumbrado a hacer su primera toma a las cinco de la mañana? Se despertará porque está acostumbrado a tener hambre todos los días a esa hora. Pero no tiene por qué ser así. Usted puede retrasar un poco cada día la toma y, a la vez, el resto de las comidas en la misma medida.

NO LE SERÁ POSIBLE OBLIGAR a su hijo a dormirse a una hora determinada, pero puede despertarlo si está durmiendo a una hora inoportuna.

Malos hábitos para dormir

Es muy normal que, de vez en cuando, un niño necesite a deshora la atención de sus padres. También es posible que su hijo esté pasando por una fase en que la necesite con más frecuencia. No les ocurre a todos los niños, pero son casos muy corrientes.

Si su hijo se despierta a menudo por la noche llorando y se duerme en cuanto usted acude en su ayuda, no hay duda de que ha adquirido malos hábitos de sueño. Nos referimos a niños sanos, de más de seis meses. Antes de esa edad, su ayuda es necesaria e incluso beneficiosa para la criatura. Pero con el tiempo se ha convertido en una costumbre que resulta perjudicial tanto

CON UN POCO DE ATENCIÓN, no es difícil descubrir las razones de los problemas de sueño de un niño ni ayudarle a cambiar.

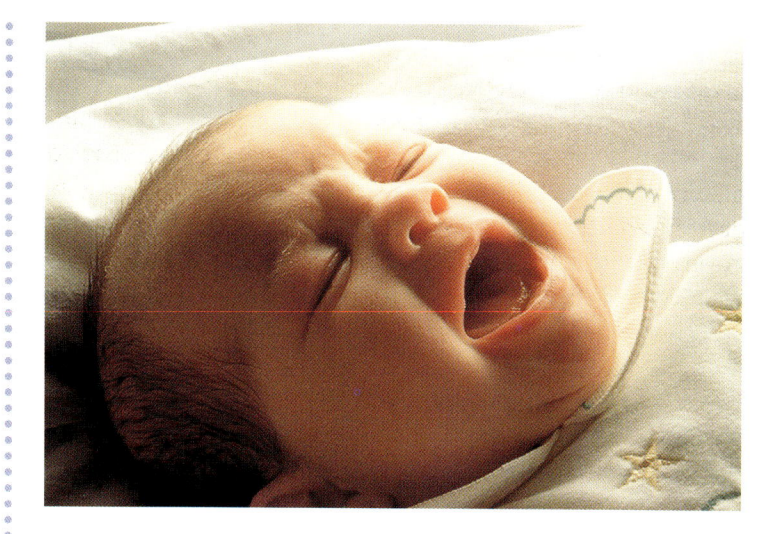

INTENTAR REPETIDAS VECES un método que siempre ha acabado en fracaso lo hace cada vez menos eficaz.

para el niño como para usted y su pareja. Ninguno disfrutará de un buen reposo si no hacen un esfuerzo por remediarlo.

Aunque este tipo de problemas se solucionan solos con el tiempo, acostumbran a durar, en general, unos cuantos años. Por el contrario, en un plazo de una o dos semanas, quizás en pocos días, un niño conseguirá dormir bien de nuevo si usted se enfrenta con decisión al problema.

Llegará un momento en que se preguntará si vale la pena hacer el esfuerzo. Se trata de una buena pregunta. La mayoría de los padres suelen considerar más gravoso el esfuerzo para combatir los malos hábitos de sueño de los niños, que aceptarlos. Sin embargo, cuanto antes se enfrenten al problema, más corto y directo será el camino del niño para disfrutar de un sueño apacible.

Abandonar o cambiar de costumbres nos es muy difícil. Y es normal que un niño no entienda que algo se hace por su bien y proteste con todas sus fuerzas.

Limitarse a dejarlo llorar no conduce al éxito deseado. Si adopta ese sistema, su hijo acabará por dormirse cuando esté exhausto de tanto chillar. Pero tardará mucho en conciliar el sueño y, mientras tanto, estará solo en la habitación sin entender lo que sucede. Su experiencia le dice que, hasta ese momento, los padres acudían en cuanto chillaba. De repente lo dejan solo en una habitación aunque grite. Se siente abandonado y esa sensación le da pánico. Los padres no deben arriesgarse a despertar temores en el niño.

Lo que es necesario cambiar es la manera de hacerlo dormir, porque, como es natural, al cabo de un rato de oírle llorar, usted acabará por acudir a él y prestarle la ayuda que, hasta ese momento, le había negado. Su decisión de educarlo a la tremenda no ha servido de nada. El niño ha conseguido una vez más lo que quería. Habrá aprendido que es cuestión de insistir. A la noche siguiente llorará con más fuerza y la verdadera solución del problema seguirá pendiente.

El método Ferber

A continuación presentamos este método para cambiar las costumbres ha tenido una excelente acogida entre las madres de Estados Unidos. Fue desarrollado básicamente por el doctor Richard Ferber en su Centro Infantil del Sueño de Boston, Massachussetts. Su libro ha pasado de mano en mano, de madre a madre, junto con ropita prestada o de segunda mano para los bebés. Si hablo del tema con madres amigas mías de Canadá, oigo a menudo expresiones como: «Sí, claro, con el paso de los años yo ya he ferberizado a mis hijos unas cuantas veces. Ya sabes, después de una enfermedad o un viaje de varios días, cuando se había quebrado toda rutina teníamos que empezar de nuevo. Siempre funcionaba con rapidez. Nunca hubo problemas gracias a este fantástico método».

ESTE MÉTODO NO EXIGE que el niño grite sin límites ni sin control.

El método Ferber es relativamente fácil de poner en práctica. No exige que los padres dejen gritar a sus hijos sin vigilarlos y, por esta razón, es posible aplicarlo sin ninguna dificultad. Cuando el niño llora –cosa muy normal–, los padres van a verlo con regularidad para que no se sienta solo y abandonado. El niño recibe dedicación sin sufrir ningún trauma. Se reacciona con comprensión y tolerancia a sus gritos de protesta, pero como no consigue lo que quiere no persevera en sus malos hábitos. Al cabo de muy pocos días el «tratamiento» se puede dar por finalizado y el bebé duerme felizmente de un tirón.

Antes de empezar

- Ante todo, acostúmbrese usted y acostumbre a su hijo a un ritmo fijo, en el caso de que todavía no lo haya hecho. Sólo así su hijo estará realmente cansado a la hora debida. Si tiene

sueño de verdad, le resultará muy fácil dormirse sin las «ayudas» de siempre.
- Es importante que su hijo sepa cuál es el ritual que precede al momento de hacerlo dormir. Los procesos habituales y previsibles le ayudarán a prepararse para el sueño. El ritual escogido debe dar confianza al niño y resultarle muy agradable. Constituye una base segura para desacostumbrarlo a la necesidad de recibir ayudas indebidas en el momento de dormirlo.
- ¿Tiene su hijo una mantita suave o un peluche? Muchos bebés escogen ellos mismos, un día cualquiera, uno de estos «objetos de transición» que los acompañarán en el camino hacia la autonomía. Pero, a veces, es conveniente ofrecer la idea al bebé. El «objeto de transición» le será muy útil para aprender a dormirse solo.
- Si quiere que el niño deje de dormir en la habitación de usted y su pareja, ha llegado el momento propicio para instalarlo en su propio dormitorio. Con el cambio de entorno, a muchos niños les resulta más sencillo abandonar las costumbres anteriores. El traslado de un cuarto a otro le facilitará hacerse a la idea de que las cosas han cambiado. Lo mismo para cuando la cuna de recién nacido empieza a resultarle pequeña.

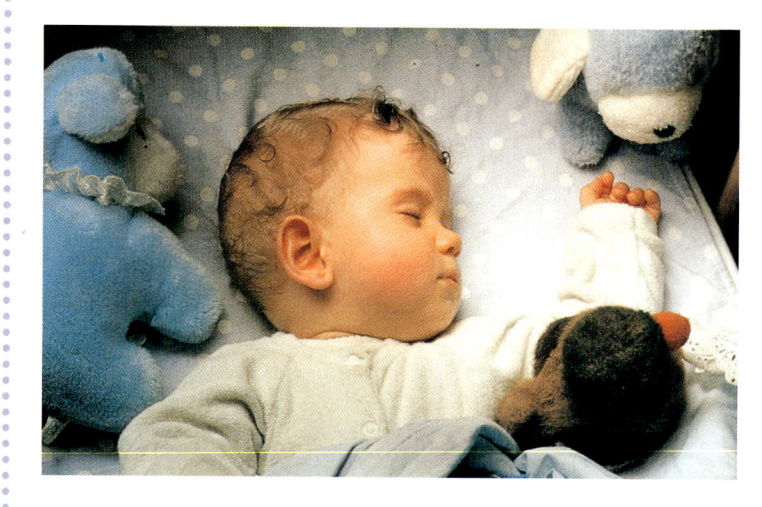

UNA ALMOHADA SUAVE o un peluche pueden ser estupendos «objetos de transición», muy útiles cuando los niños se duermen solos.

Cómo funciona el nuevo plan para dormirse

- Establezca un día para que el niño deje de recibir las «ayudas» habituales. El pecho, el biberón o los paseos en brazos –si estaba acostumbrado a ellos para dormirse– los recibirá a

partir de ese día un poco antes. Lo importante es evitar que entretanto se duerma.
- El primer día, mientras lo acuesta, puede explicarle lo que cambiará a partir de ese momento, pues ya es lo bastante mayor para dormirse solo. Aunque su hijo no tenga más de un año y no entienda sus palabras, puede interpretar a su manera de qué se trata. Entiende que usted sabe exactamente lo que hace, que no hay posibilidad de «espacio para negociar», pero siente su amor y dedicación.
- Para dormirlo, acuéstelo en su cuna mientras aún esté despierto. Allí ya lo espera su peluche o su «trapito». Después de dejarlo bien tapado, acariciarlo y darle un beso de despedida en una última y breve ceremonia de buenas noches, en la cual participe también el peluche, abandone la habitación.
- En cuanto usted abandone la habitación, su hijo empezará seguramente a llorar con fuerza. Si ya es mayor, se pondrá de pie en la cuna y empezará a llamarla a gritos. No tiene nada de raro: no está acostumbrado a estar despierto solo en su cama. Y pretenderá conseguir que usted haga lo que acostumbra a hacer. Pero usted ya no lo hará más. Limítese a acercarse a él un instante cada pocos minutos.
- Los minutos que deba tardar cada vez en acercarse al niño los habrá decidido de antemano. Espere exactamente los minutos que haya decidido con el reloj en la mano. Si lo hiciera sencillamente «de manera intuitiva», un minuto le parecería una eternidad.

LA PUERTA PUEDE QUEDAR entreabierta; en la habitación queda encendida una lucecita, si el bebé está acostumbrado a tenerla.

Ejemplo de un esquema de los tiempos de espera

	1.ª vez	2.ª vez	demás veces
1.er día	3 minutos	5 minutos	7 minutos
2.º día	5 minutos	7 minutos	9 minutos
3.er día	7 minutos	9 minutos	11 minutos
4.º día	9 minutos	11 minutos	13 minutos
5.º día	13 minutos	15 minutos	15 minutos
a partir del 6.º día	5 minutos	7 minutos	9 minutos

- Mientras su hijo siga llorando, acérquese a él una vez transcurrido el tiempo de espera. No lo saque de la cuna por ningún concepto. Dígale algo dulce en un tono tranquilo: «Ahora estás triste y enfadado, pero no pasa nada. Yo te cuido, ya sabes que te quiero mucho. Ya es hora de dormir hasta mañana por la mañana. Fíjate, tu osito quiere dormir». Puede acariciar un poco al niño, acostarlo y taparlo, si se había puesto de pie. Sólo lo debe hacer una vez y sin violencia.

- Independientemente de cómo reaccione su hijo, nunca se quede más de dos minutos en su habitación. Piense que si no entra es para tranquilizar a su hijo o para ayudarle a dormir. Usted quiere darle la oportunidad de que aprenda a dormirse solo. Si entra, es para mostrar a su hijo que no está solo en el mundo y para ver usted misma que todo continúa en orden.
- Algunos niños se tranquilizan, pero otros todavía se enfadan más mientras el padre o la madre están con él. Según las reglas de la Terapia del Comportamiento (en la cual se basa este método), lo correcto es quedarse menos rato cuanto más se enfade el niño. Pero tampoco se quede más rato con él si se tranquiliza. No es oportuno que se duerma mientras usted está en la habitación.
- Alargue el tiempo de espera entre las cortas visitas, siguiendo su propio esquema. Con una excepción: si tiene la impresión de que su hijo empieza a tranquilizarse es conveniente esperar un poquito más, aunque el tiempo de espera ya haya pasado. Si le parece que entrar en la habitación en ese momento podría ser un impedimento para que el niño se tranquilizara y durmiera, debe usted esperar. En cualquier momento puede decidir acudir a él. Repita regularmente las breves visitas hasta que su hijo se haya dormido por fin.

Lo que aprende su hijo con este sistema

Con su conducta, usted está procurando que su hijo tenga repetidamente experiencias concretas:

«Mis padres me quieren pero hacen lo que ellos consideran correcto.»

«Si grito más, no por eso se quedan más tiempo a mi lado.»

«Aunque utilice todas mis fuerzas no me sirven en absoluto para conseguir lo que yo quiero; así que no vale la pena.»

Su hijo se da cuenta de que protestar no vale la pena. Está cansado, y, en consecuencia, pronto su necesidad de dormir será más fuerte que su decepción al no conseguir lo que tiene por costumbre. Ahora se dará cuenta de otra cosa muy importante: está durmiendo solo en su cuna.

SU META ES SER COMPRENSIVA y tolerante pero, a la vez, no dejarse influenciar. Así le ahorra a su hijo una confusión innecesaria.

Al cabo de poco tiempo, esta nueva experiencia hará desaparecer los antiguos hábitos. Se irá acostumbrando a la nueva sensación de dormir. En ese momento ya no se asustará cuando esté medio dormido por la noche; sus sentidos ya no dispararán la señal de alarma. Le harán saber que todo continúa igual que cuando se durmió. Puede, pues, seguir durmiendo tranquilo.

Cómo continuar

- Cada vez que se despierte por la noche, siga el mismo esquema de espera que al principio. Empiece acercándose a él cada tres minutos exactamente. Después cada siete minutos, igual que la primera vez que se durmió. La próxima vez que se despierte empiece de nuevo con tres minutos, aumente hasta cinco, después hasta siete, etcétera.

La noche se acaba cuando llega la hora establecida para levantarse. Si su hijo ya está despierto, puede dejar de acercársele

TANTO NIÑOS COMO ADULTOS aprenden mucho más deprisa a través de la experiencia.

de manera regular y, en cambio, levantarse con él. Aunque se haya dormido hace muy poco, debe despertarlo igualmente. No varíe el horario cotidiano en más de media hora. Podría desorientar al niño.

NO ALARGUE EL REPOSO nocturno ni la siesta aunque su hijo no haya dormido o haya dormido muy poco.

- Durante las siestas diurnas debe mantener los mismos tiempos de espera que por la noche, pero sin alargar la siesta del niño más de lo normal, aunque no haya dormido nada. Aun en el caso de que durmiera un rato y se despertara llorando, la siesta se ha acabado. Si el niño no se duerme a las horas normales, quizá se duerma más tarde mientras juegue. No es ningún problema porque de cualquier modo, se habrá dormido solo, y eso es lo que cuenta. Tápelo y déjelo dormir media hora –pero no más–, de manera que el ritmo regular no se pierda. Las horas perdidas de sueño sólo debe recuperarlas por la noche.
- La segunda noche, alargue los tiempos de espera siguiendo su esquema. Según nuestro ejemplo, espere primero cinco minutos, después siete y, a continuación, nueve minutos, antes de acercarse a él. Los mismos minutos son válidos para cuando se despierte durante la noche y para las siestas diurnas.

Si es otra persona quien se ocupa de su hijo

- Si usted prevé que la noche siguiente no necesitará ningún canguro, lo mejor es empezar con el método, aunque, en el caso contrario, tampoco está todo perdido. Naturalmente, no puede exigir a la persona que cuida a su hijo que lleve adelante su método. Interrúmpalo, pues, por esa noche. Por una vez no pasa nada. Su bebé no esperará lo mismo de usted que de la persona que le cuida en ese momento. Tan pronto como haya aceptado las nuevas condiciones para dormirse, el canguro también se deberá ceñir a ellas.

SU BEBÉ TAMBIÉN CAMBIARÁ de costumbres si usted intenta inculcarle el nuevo ritmo exclusivamente al acostarlo y por la noche. Quizá el proceso resulte un poco más largo, pero funcionará igual de bien.

- Si su hijo no está con usted durante el día, dependerá de la persona que lo cuide que el método pueda o no aplicarse a las siestas diurnas. Si se trata de una persona que lo conoce bien y, además, se puede dedicar con exclusividad a él, usted podría acordar con ella que siguiera su plan. Si su hijo está durante el día en un grupo donde no es posible imponerlo o no es conveniente para el niño, renuncie a él hasta tener una ocasión mejor.

AL CABO DE TRES DÍAS PUEDE experimentar una gran mejora e incluso una solución al problema de cómo dormir al niño.

Escoja el momento más apropiado

Debe saber que, cuando siga este plan, las primeras dos o tres noches usted misma dormirá muy poco. La reacción de su hijo dependerá mucho del temperamento que tenga y de la edad. Aproximadamente a partir del año y medio, el proceso de autoafirmación desempeña un papel cada vez más importante en la vida del niño, que se va acercando a la «fase o edad de la rebeldía». En esta etapa que tiene tan mala fama y se prolonga hasta los cuatro años, los niños ofrecen, complacidos, resistencia a sus padres para ponerles a prueba y provocarlos.

La energía dedicada para oponerse al plan de dormir depende mucho de cada niño. Algunos se duermen al cabo de un cuarto de hora en las dos primeras noches; otros lloran una hora, o más, antes de dormirse.

Si consigue ceñirse al plan durante el día y la noche seguro que, a partir del tercer día, el problema habrá mejorado. Quizá hasta es posible que haya llegado a solucionarse. Si sigue este método, el niño no tardará en aprender a dormirse más de una o dos semanas.

Escoger el momento apropiado le puede ahorrar mucha tensión nerviosa y asegurarle un rápido éxito. Cuente desde el principio con unos primeros tres días y tres noches realmente agotadores. No será sencillo.

- Si empieza un viernes, podrá combinárselo con su pareja de modo que ambos puedan dormir bien.
- Escoja un fin de semana en el que nada sea más importante; ni visitas ni salidas. Y, si es posible, procure que tampoco haya nada más importante el lunes.
- Tenga en cuenta que se necesitarán de una a dos semanas para que su hijo se haya readaptado del todo. Lo ideal sería que tuviera posteriormente cuatro semanas para estabilizar las nuevas pautas antes de marcharse, por ejemplo, de vacaciones.
- El método es menos enojoso para los hermanos mayores de lo que uno puede pensar. Si pierden horas de sueño por culpa del ajetreo nocturno, las recuperarán después sin problemas.

El método conveniente para cada caso

El método Ferber se basa en que su hijo experimente, mediante el comportamiento de usted y su pareja, que le están ayudando a

> **La posibilidad de algunas variaciones**
> - Si los tiempos de espera de nuestro ejemplo le parecen demasiado largos, puede reducirlos hasta en dos minutos. Además, puede limitar el tiempo máximo de espera en unos cinco minutos. También así su hijo aprenderá a dormirse solo, aunque quizá tarde un poco más.
> - Los tiempos de espera pueden, asimismo, alargarse. Muchos terapeutas, como el doctor Ferber, recomiendan a los padres tiempos más bien largos, aunque suele resultarles más difícil a éstos que a los niños. La ventaja para el pequeño radica en que cada vez le damos más tiempo para tranquilizarse.

ES MUY IMPORTANTE que tanto el padre como la madre se pongan de acuerdo para seguir la aplicación del método Ferber.

JUSTAMENTE SON LOS NIÑOS con carácter irritable los que reaccionan con rabia ante la determinación e inflexibilidad de los padres y los que se alteran y enojan cada vez que éstos no acuden a sus llamadas.

aprender algo nuevo y a adquirir nuevas costumbres. Lo que más le ayuda es la perseverancia con que usted actúe. Debe ser muy consciente de ello.

En lo que a los detalles se refiere, puede variar tranquilamente el método Ferber para adaptarlo a sus necesidades particulares. Quizá los tiempos de espera le parezcan demasiado largos o demasiado cortos, o prefiera ver antes de nada hasta dónde puede llegar si actúa de manera «radical». Tiene usted el camino despejado en todas direcciones. Lo importante es que escoja la manera de seguir el método de la forma más consecuente.

Un procedimiento menos estricto puede sugerirlo la necesidad de no aplicar el método a todas horas. Las madres que viven solas escogen a menudo esta variante. También es normal en padres que viven en casas de nueva construcción con paredes

UNA VEZ QUE HAYA EMPEZADO, debe mantener los tiempos de espera escogidos. Lo más importante es que no los cambie en el «momento crítico» de la noche; en todo caso, hágalo durante el día, después de haber discutido con su pareja la decisión.

La posibilidad de algunas variaciones

- Empiece por las siestas diurnas. A la mayoría de los niños les es más fácil enfrentarse con las novedades durante el día. La experiencia también ha demostrado que los niños que de día se pueden dormir solos aprenden más rápido cómo hacerlo por la noche.

- El segundo paso será que el método le ayude por la noche, cuando acueste al niño. No cambie nada por la noche, continúe dándole lo que tiene por costumbre. No es raro que esto baste para que el niño duerma de un tirón, tan pronto como haya aprendido a dormirse solo durante el día y al acostarse por la noche.

- Si su hijo continúa despertándose regularmente y no puede dormirse sin su ayuda –aunque de día y de noche ya se duerma solo–, debe mantener el método cada vez que se despierte. De esta manera, le ayuda a dar el último paso y a saltar también ese obstáculo.

muy delgadas. El camino hacia el éxito es de esta manera un poco más largo, pero no exige tanta energía de golpe y, además, provoca menos escándalo.

Acostar al niño por turnos es una buena solución, si ustedes dos están de acuerdo. Si no lo están, tómense un tiempo para confrontar las distintas opiniones y planear cómo quieren actuar. Si hasta ahora el padre casi nunca o nunca ha llevado al hijo a la cama, también podría ser una buena idea que se comprometa a hacerlo hasta que el problema esté resuelto. El niño no dispone de un esquema establecido y asumido con respecto al padre, de manera que le será más fácil aceptar nuevas experiencias si provienen de él.

¡MUESTREN SIEMPRE QUE están de acuerdo! El niño debe saber que no los puede enfrentar. No deje que el niño le haga saltarse las reglas cuando exige: «Quiero que venga mamá o papá». El que esté en ese momento con él debe explicarle que es a él a quien le toca dormirlo ese día y no hay otra opción.

Quien tenga «libre» esa noche debe intentar hacerlo lo mejor posible y apartarse del conflicto tanto como pueda. Mirar una película o leer un libro no serán las mejores opciones, pues podrá distraerse con demasiada facilidad. Sería mejor hablar largamente por teléfono con una amiga, sobre todo si está al tanto y le da ánimos. También son recomendables tapones para los oídos, que le permitan dormir a pesar de los gritos. O bien desempeñar una actividad fuera de casa que dure hasta que usted calcule que el niño pueda estar ya dormido.

¿Qué se puede hacer si el niño se pone enfermo?

Si su hijo se pone enfermo durante el tiempo de adaptación, debe abandonar enseguida el método.

Si ya se había adaptado al cambio, pero cae de nuevo en las antiguas costumbres mientras está enfermo, puede utilizar de nuevo el método Ferber tan pronto como esté segura de que el niño vuelve a estar en perfecto estado de salud. En estos casos, los niños aceptan enseguida el cambio y duermen de nuevo de un tirón sin problemas.

Si su hijo vomita. Hay niños que lloran con tanta fuerza mientras dura la adaptación que llegan a vomitar. En general, se trata de niños que ya han reaccionado otras veces así ante cualquier frustración. En tal caso, los padres deben tenerlo en cuenta. Aunque se trate de una reacción espectacular, puede estar segura de que no es a causa de un problema de salud. Si fuera así, a la mañana siguiente seguiría vomitando aunque no llorara. Durante la noche haga el menor ruido posible mientras cambia al niño y la ropa de la cuna. Manténgase tranquila y siga inmediatamente con el método. En estos casos, el vómito no representa ninguna enfermedad sino un medio de presión para conseguir lo que quiere.

Si le es posible mantener la tranquilidad y seguir con el método como si nada hubiera ocurrido, habrá ofrecido a su hijo el mejor apoyo.

Si las comidas nocturnas alteran el sueño

Por ser lo más fácil y porque el bebé se duerme enseguida, muchas madres ofrecen a sus hijos el pecho o el biberón cuando se despiertan por la noche. A menudo no se dan cuenta de que su hijo debía haber dejado hace tiempo de alimentarse por la noche, pero nunca han conseguido desacostumbrarlo, hasta que el problema se ha hecho cada vez mayor.

Apunte todas las noches los intervalos mínimos que debe haber entre las comidas de su hijo. Así no tendrá que pensar por la noche y podrá limitarse a mirar su esquema. Estos intervalos se alargan día tras día, de manera que al cabo de una semana, a lo sumo, estas comidas ya no serán necesarias.

UN NIÑO ENFERMO NECESITA dedicación absoluta de los padres, en especial, por la noche. Entre una o dos semanas después de que se haya estabilizado su salud, se puede empezar de nuevo con el método.

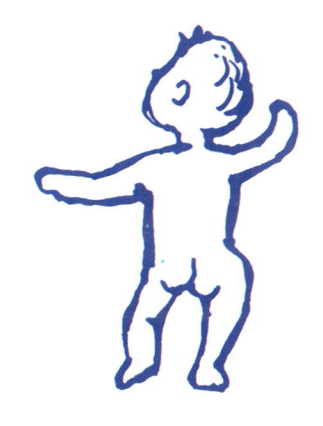

De la misma manera, apunte cada noche cuánto tarda en darle el pecho o las cantidades que el niño toma con el biberón. Conviene también ir reduciendo la comida rápidamente hasta que, como máximo al séptimo día, no tome nada por la noche. Para conseguirlo, cíñase básicamente al método Ferber, aunque usted continúe alimentando a su hijo.

Las comidas de la noche se pueden eliminar de nuevo lentamente en los niños que, cuando eran bebés, ya dejaron las tomas nocturnas. Si se calma al niño bastante tiempo con el pecho o el biberón durante una enfermedad o en una fase de miedo, su reloj interior pronto se acostumbrará a ese ritmo. El hambre durante el día será menor para evitar que coma demasiado. En el momento en que coma menos durante el día, tendrá hambre por la noche. Y antes de que los padres se den cuenta, su hijo ya estará comiendo regularmente todas las noches.

RESULTA MUY FRUSTRANTE para el niño que las comidas se compongan de cantidades muy pequeñas, así que le haremos un gran favor si las eliminamos de inmediato.

Si su hijo sólo come muy poco por la noche, se le puede desacostumbrar sin buscar ningún sustituto. Es el caso de un bebé de siete meses que no toma más que medio biberón repartido durante toda la noche. O bien el de un niño de tres años que se agarra al pecho sin mamar de verdad. El aumento de calorías no tiene ninguna importancia. El niño comerá lo suficiente durante el día. También estas pequeñas comidas nocturnas podrán eliminarse siguiendo el método Ferber.

El consejo también vale para niños mayores de dos años que por la noche comen en abundancia. Su organismo se puede readaptar en tres días, cuando estas comidas se eliminan. El niño comerá automáticamente más durante el día. Aunque primero usted podría hacer una prueba, algo que, sin duda, se recomienda para los niños pequeños.

Muchos padres piensan que van a tener que dedicar toda una semana al proceso de adaptación y, en cambio, al cabo de cuatro o cinco días a lo sumo, ya no tienen que volver a alimentarlo por la noche.

SI LOS PADRES NO CONSIGUEN que el niño haga un cambio a tiempo y tome todas las calorías necesarias durante el día, las comidas de la noche se convertirán en un problema realmente irritante.

Si su hijo llora cuando se ha acabado la toma, cuando el biberón ya está vacío o si se despierta antes de que sea la hora de la toma, no tiene que alimentarlo. Sólo así se readaptará de verdad su reloj interior, que se ocupará de que coma más durante el día. Piense que ya es lo suficientemente mayor para pasar la noche sin alimentarse. Sólo debe ayudarle a superar un mal hábito, provocado por la sensación momentánea de que necesita ingerir algo.

Su bebé debe aprender dos cosas: a cambiar sus hábitos al dormirse y a reorganizar la ingestión de alimentos. Decida a conciencia si para su hijo es más fácil conseguir las dos cosas a la vez o bien si será mejor avanzar poco a poco. Si decide empezar corrigiendo las comidas nocturnas, puede consolar más a su hijo de lo que se propone en el método para dormir. Por ejemplo, puede quedarse con él o tenerlo en su regazo hasta que se duerma. Los nuevos hábitos para dormirse los aprenderá en una segunda etapa, después de que haya aprendido a pasar la noche sin comer. Y lo aprende muy pronto.

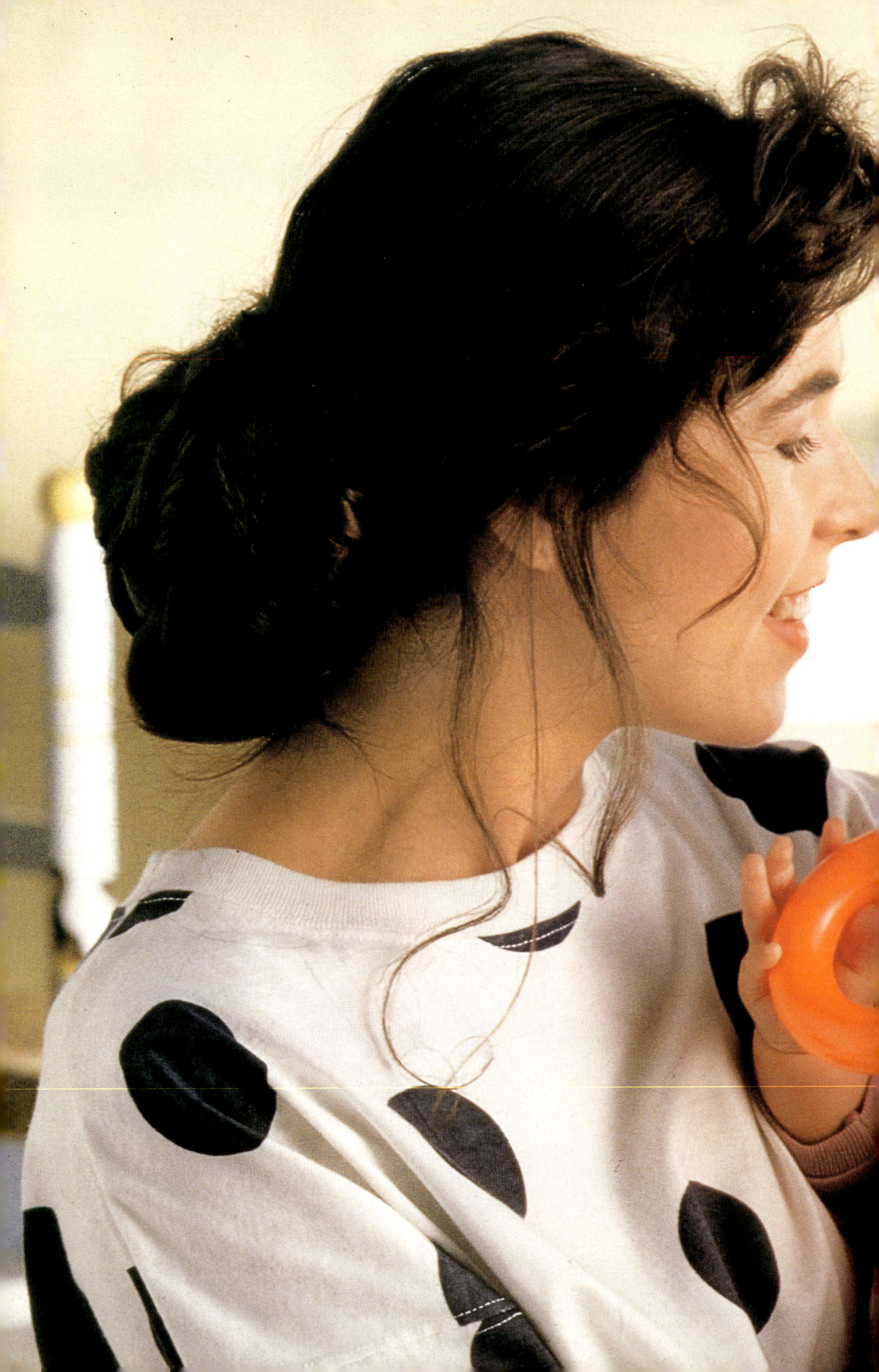

Miedos y pesadillas

- Sueños y fantasmas atemorizantes
- Miedo al dormirse
- Pesadillas
- Terrores nocturnos
- Sonambulismo

Miedos y pesadillas

Sueños y fantasmas atemorizantes

LOS MIEDOS QUE A VECES sobrecogen al niño cuando se duerme son consecuencia de sueños atemorizantes que lo torturan por la noche sin llegar a despertarlo.

Un niño que se despierta asustado a causa de sueños atemorizantes lo exterioriza en su comportamiento. También los niños que siempre se comportan «valerosamente» y no le tienen miedo a nada se despiertan alguna vez a causa de una pesadilla. Por el contrario, es posible que los niños que se duermen asustados por monstruos y animales enormes no sufran pesadillas de noche. Pero casi todos los niños han vivido ambas experiencias.

Estas experiencias son normales y, además, forman parte del desarrollo del niño. Aparecen generalmente en la etapa de parvulario, que es cuando el niño avanza a pasos agigantados en su autonomía. Para alcanzarla, se mueve en niveles muy distintos. Tanto el propio desarrollo corporal y mental como el contacto intensivo con el entorno forman parte de este proceso. El niño empieza a conocer mucha más gente que antes e inicia nuevas relaciones. Se enfrenta a nuevas expectativas y descubre distintas capacidades. Así que no es nada raro que en su mundo cargado de fantasías –cuyos límites se amplían a diario–, también acumule impresiones que al principio le asustan. Las pesadillas son, como todos los sueños, una posibilidad ofrecida a la mente, que está madurando, de aceptar experiencias más o menos terroríficas, a las cuales se enfrenta involuntariamente.

EN LA TABLA DE LA PÁGINA 17 quedan señalados los momentos de la parasomnia.

Las llamadas experiencias de parasomnia –terrores nocturnos y sonambulismo– también forman parte de esta fase evolutiva de muchos niños. Aunque en apariencia se parezcan, no tienen nada que ver con los sueños.

Cuando se miden en el laboratorio del sueño las corrientes cerebrales de un niño, el gráfico señala exactamente lo que está ocurriendo mientras éste tiene una experiencia de parasomnia: surge de las capas más profundas del sueño profundo y llega, por un momento, a un estado donde las ondas cerebrales típicas del sueño profundo, el sueño onírico y el estado de vigilia se mezclan por completo. Lo normal es que el niño caiga un par de segundos más tarde de nuevo en el sueño profundo. Durante las primeras tres o cuatro horas después de dormirse aparece, entre una y dos veces, esta especie de duermevela. Cada una de ellas dura solamente un instante. En una experiencia de parasomnia, el niño no se duerme enseguida otra vez, sino que continúa más tiempo de lo normal en este estado donde se mezclan sueño profundo, sueño onírico y estado de vigilia. Hasta ahora no se han encontrado razones físicas que expliquen el fenómeno; tampoco corresponden a un carácter especialmente miedoso ni a otros comportamientos raros o problemas graves de cualquier tipo. La única explicación científica hace referencia a la madurez incompleta del cerebro. Hasta el final de la pubertad el cerebro continúa inmaduro.

Los expertos recomiendan que en caso de parasomnia no se interrogue al niño a la mañana siguiente; es mejor no hacer ninguna referencia a lo ocurrido, de lo contrario, el niño tendría la desagradable sensación de no ser del todo normal, pues no recuerda nada en absoluto. En ningún caso se le está ayudando.

QUIZÁ EL NIÑO SE SIENTA mejor en su habitación si tiene un animal doméstico que duerma con él.

Miedo al dormirse

El momento de acostarse siempre significa separación para un niño. El mundo que se encuentra mientras duerme es un lugar desconocido y, a veces, también la puerta de entrada a ese mundo lleno de seres fantásticos que lo asustan. Pero usted puede ayudar a su hijo a sentirse lo suficientemente protegido para entrar por esa puerta.

El ritual de acostarlo empieza a tener un nuevo significado a esa edad. El rato antes de dormirse puede ser un tiempo de entrañable dedicación durante el cual el niño sienta de modo especial el amor y la protección de sus padres.

Ayude a su hijo a ganar confianza, léale cuentos que coincidan con su situación y le resulten un estímulo interior. Si usted educa a su hijo en alguna religión, encontrará con seguridad posibilidades para ayudarle a sentirse protegido por la noche. También

ENCONTRARÁ MÁS RITUALES para darle las buenas noches en el segundo capítulo.

NO IMPORTA QUE SEA ANTES de dormirse o a media noche; si su hijo la llama porque tiene miedo, debe acudir enseguida. Cuanto más le haga esperar, más crece el miedo en él.

encontrará ideas interesantes si se aleja de las creencias convencionales y acude a las antiguas religiones naturales de los indios, los tibetanos u otros pueblos.

Los animales dañinos, los fantasmas y los monstruos no están en realidad en la habitación del niño; pero eso sólo lo sabemos los adultos. Cuando un niño ve seres malignos o los siente, hay dos cosas que los padres no deben hacer:

- Actuar como si mataran a los monstruos, pues no harían más que confirmar la sospecha del niño de que, en realidad, existen.
- Tratar las imágenes fantásticas del niño como una solemne tontería.

El camino intermedio es tomar en serio los sentimientos del niño y descartar la existencia de los monstruos.

Acaricie a su hijo o tómelo en brazos para hacerle sentir –no sólo saber– que no está solo. Es una buena idea encender un rato la luz para que vea la parte agradable de la realidad. Pero no es necesario abrir el armario de la ropa ni mirar debajo de la cama para mostrarle que los monstruos no están allí. Aún es menos necesario cerrar las ventanas. Diga a su hijo que los monstruos no existen, pero no se ría de él.

Si su hijo ya es un poco mayor, puede tener una pequeña charla con él. Así descubrirá qué es exactamente lo que le asusta. A veces, hay soluciones más sencillas: una lamparita para evitar la oscuridad total o bien dejar la puerta entreabierta para que no se sienta solo.

Pesadillas

Casi la mitad de los niños en edad escolar tiene de vez en cuando pesadillas. Quizás el niño ha visto una película que ha desencadenado en su interior miedos inconscientes; o ha tenido una experiencia que le ha asustado, aunque nadie se haya dado cuenta. Con todo, no siempre se puede encontrar la explicación a las pesadillas en las experiencias concretas ocurridas durante el día. El contenido habitual de las pesadillas, tanto en niños como en adultos, es el mismo: nos sentimos perseguidos o amenazados; queremos escapar, pero no podemos movernos; nos hemos perdido y no sabemos volver a casa. Los niños sueñan a menudo con animales salvajes o fantásticos y rara vez con personas. Las pesadillas aparecen por épocas. Entonces el niño se despierta gritando casi todas las noches por culpa de un sueño horrible. Al cabo de unos días los fantasmas se van de repente.

- Acérquese a su hijo enseguida si empieza a gritar a media noche. Hágalo esperar el menor tiempo posible.
- Haga todo aquello que ayude a tranquilizarle. Usted, sobre todo, manténgase tranquila. Tómelo en brazos, dígale palabras dulces que le consuelen. Escúchelo, si le cuenta un sueño, y no le diga que no ha sido más que un sueño «tonto».
- Quédese con él hasta que se haya tranquilizado. Seguramente, enseguida querrá seguir durmiendo.

Si su hijo es lo suficientemente mayor puede explicarle durante el día lo que son los sueños; decirle, por ejemplo, que se trata de «una historia que uno se cuenta a sí mismo». A continuación, puede proponerle que busque otro final para esa histo-

SI USTED TIENE MÁS de un hijo, ha llegado el momento de hacerlo dormir en la misma habitación.

SI, POR LA NOCHE, SU HIJO no le quiere contar lo que ha soñado, déjelo tranquilo. Quizá se lo cuente a la mañana siguiente.

ria. O bien solucione de manera indirecta el problema leyéndole cuentos.

> **Si considera que una fase de pesadillas** dura demasiado pida hora al pediatra. De todas formas, puede darle a su hijo flores de Bach (encontrará más información sobre el tema en el próximo capítulo). Un remedio homeopático también podría ser útil, pero en este campo es más difícil escoger el remedio adecuado si uno no es un experto. La homeopatía actúa con más profundidad y más ampliamente que otras terapias (propias de la medicina tradicional). En casos graves, por ejemplo, cuando problemas resueltos del sueño aparecen de nuevo después de una enfermedad, de la pérdida de un ser querido o de otro tipo de separaciones. En todos estos casos, un tratamiento homeopático será la mejor ayuda para el niño.
>
> Lo mismo es válido en el caso de un miedo extremo a la oscuridad, al hecho de estar solo o a las dos cosas. Con más razón si aparecen conductas extrañas durante el día.

MIENTRAS DURE LA FASE de las pesadillas, es mejor que el niño no vea la televisión. En todo caso, que sean reportajes placenteros y agradables sobre animales, pero nada que pueda alterar todavía más su desmesurada fantasía.

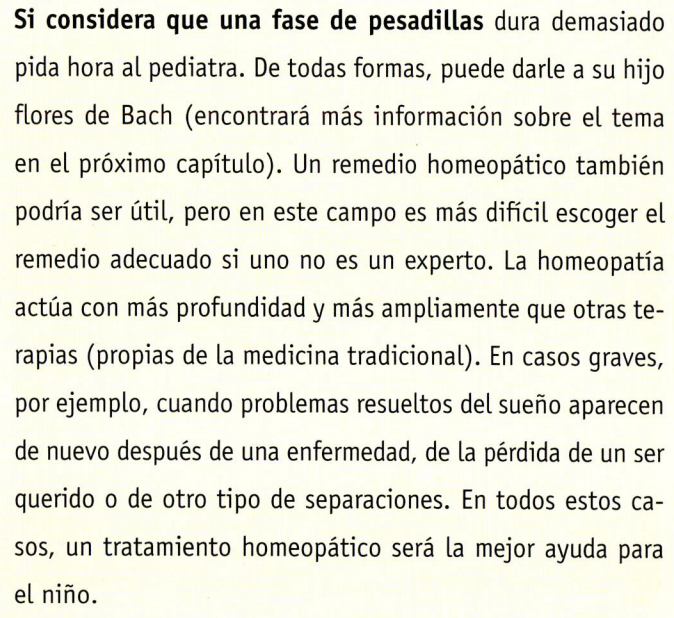

PUEDE USTED ENCENDER la luz. El niño no lo nota, pero puede servirle de ayuda.

Terrores nocturnos

Cuando el niño sufre los llamados terrores nocturnos en vez de pesadillas, la criatura no se despierta de una fase de sueño onírico. En realidad, está en un estado intermedio entre la vigilia y el sueño profundo. La singularidad de su conducta tampoco la origina un problema corporal o psíquico. Aunque los terrores nocturnos son una experiencia perturbadora, no hay razón alguna para preocuparse.

El niño despierta a sus padres con gritos estridentes: está sentado o de pie en la cuna, con los ojos muy abiertos. Respira jadeante, su corazón late con fuerza y llega a sudar. Actúa como si acabara de tener un sueño terrorífico. Pero mientras los padres intentan tranquilizarlo, se dan cuenta con gran decepción de que el niño no los ve ni los oye. Aunque los esté reclamando a gritos, no es consciente de que están allí ni de su propio entorno, ni siquiera si lo toman en brazos.

ESTUDIOS CIENTÍFICOS muestran que los terrores nocturnos aparecen sólo en aproximadamente un tres por ciento de los niños, por lo general, en edad escolar. La tendencia a tenerlos parece hereditaria y desaparece sola con el tiempo.

La razón: el niño no está realmente despierto sino que duerme con los ojos abiertos. Cuando los padres consiguen despertarlo de verdad se calma enseguida, se sorprende de las caras asustadas de los padres y no se puede acordar de nada en absoluto.

En realidad, es mejor no despertar a su hijo mientras no sea necesario. Este estado rara vez dura más de unos pocos minutos. Después el niño se relaja, se tumba en la cama y sigue durmiendo tranquilamente.

En el caso de que lo hayan despertado, estará intranquilo por la reacción de los padres, y no podrá dormirse de nuevo con tanta facilidad. Incluso se preocupará, pues tendrá la sensación de que le sucede algo realmente. Pero no es ése el caso.

Es mejor observar al niño solamente por precaución, para que no se haga daño. Los niños que se encuentran en ese estado a veces golpean y dan patadas a su alrededor o bien hacen como si fueran a volar. Si se los toma en brazos se resisten, en vez de dejarse consolar. Tan pronto como se haya tranquilizado sin su ayuda, puede usted acostarlo y taparlo bien.

Sonambulismo

Cuando un niño abre los ojos mientras duerme, salta de la cama y anda, no lo hace en sueños, pues en la fase de sueño onírico, tales movimientos serían imposibles. No se sabe cuál es la causa del sonambulismo, aunque parece que la tendencia es hereditaria, pues con frecuencia también los padres eran sonámbulos.

- Asegúrese de que su hijo no pueda abrir las ventanas o puertas de la casa o del balcón, porque podría suceder que usted no se despertara mientras su hijo anduviera sonámbulo.
- Un niño con cierta tendencia a los terrores nocturnos o al sonambulismo no debe dormir en una litera.
- A menudo el niño busca inconscientemente el baño. Ocurre a veces que los niños sonámbulos confunden las puertas y ori-

Un sueño regular y suficiente parece evitar las experiencias de parasomnia. Cuando los niños no duermen el tiempo necesario, su sueño profundo suele ser más intenso. La experiencia demuestra que, en ese caso, aumenta la probabilidad de que la criatura quede «encallada», si no logra acabar de salir del sueño profundo. El fenómeno, como es natural, afecta sólo a los niños con predisposición hereditaria a la parasomnia. Aunque su hijo haya superado ya la edad de la siesta, es recomendable volver a ella para que duerma más horas.

Miedos y pesadillas 81

nan, por equivocación, en la nevera o en el armario de la ropa. Es posible evitarlo procurando que no beba demasiado por la noche y orine antes de irse a la cama.

Qué es útil en estos casos: vigile a su hijo para que no se haga daño. En el caso de los sonámbulos, las medidas preventivas de seguridad no son suficiente precaución. El niño puede de cualquier manera tropezar con una mesita auxiliar o rodar por la escalera. Lo mejor es volver a acostarlo y taparlo bien para que siga durmiendo.

APROXIMADAMENTE UN quince por ciento de los niños de entre cinco y quince años son propensos al sonambulismo.

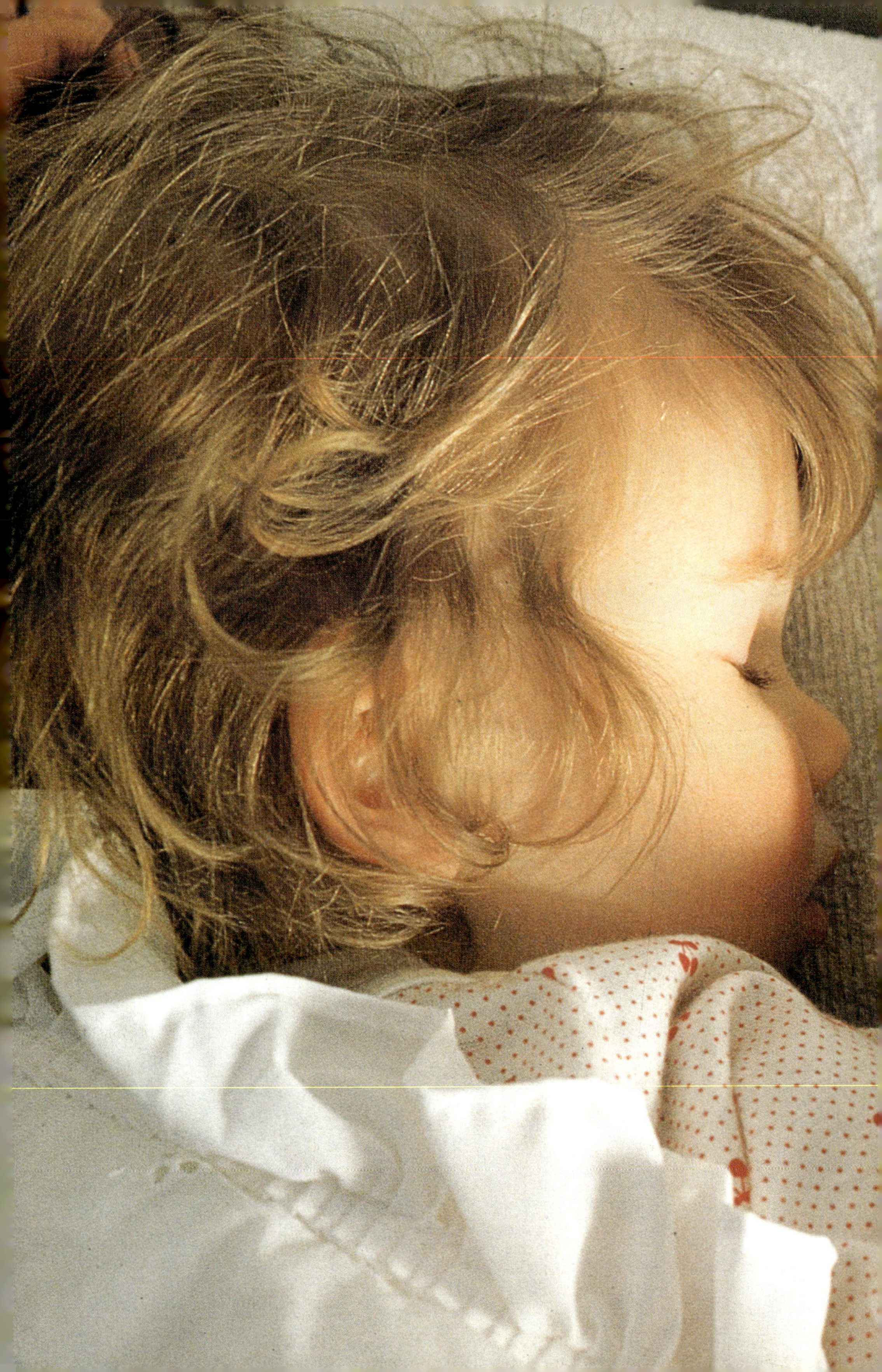

Remedios naturales para los trastornos del sueño

- Flores de Bach para dormir bien
- Homeopatía para niños con problemas de sueño

Remedios naturales para los trastornos del sueño

Flores de Bach para dormir bien

LAS FLORES DE BACH no deberían jamás administrarse sin consultar a su médico de confianza.

«Las flores que curan a través del alma», así se llaman a veces las 38 esencias cuyas propiedades fueron descubiertas por el médico inglés Edward Bach en los años treinta, pueden en algún caso ayudar en este tema. Desde entonces han surgido otras, como las esencias de California. Los niños hablan por experiencia personal muy bien de este método inofensivo pero muy eficaz. Si el preparado contiene alcohol se debe utilizar en el niño sólo en aplicaciones externas. En este caso, póngale una gotita sobre la piel, en la zona alta del estómago (el plexo solar); añada unas gotas al agua del baño o bien coloque la botellita al lado del niño cuando lo meta en la cuna. Las esencias florales actúan siempre sobre el alma. Son el remedio casero alternativo cuando los miedos u otros problemas espirituales complican el sueño del pequeño.

Autotratamiento con flores de Bach: a continuación, encontrarán descritas las indicaciones de las esencias florales más importantes para las distintas alteraciones infantiles del sueño, desde el nacimiento hasta la edad escolar. Con todo, les recomiendo que lean las descripciones de los síntomas y escojan posteriormente aquella que se pueda aplicar a su hijo con mejores resultados.

Mimulus (Mímulo)

El bebé llora cuando se despierta. Se recomienda para bebés y niños dulces, tímidos y sensibles que pierden la calma con facilidad, se asustan y después no pueden dormir bien. El niño tiende a ser demasiado prudente y a tener un miedo atroz a los animales y los monstruos. También es recomendable para los niños en edad escolar que sufren alteraciones del sueño a causa de los exámenes (y que durante el día tienden a tener dolor de cabeza). Es una gran ayuda contra las pesadillas recurrentes y miedos concretos como, por ejemplo, a un lobo en la habitación, a ratones, arañas, tormentas, oscuridad, etcétera.

Aspen (Álamo temblón)

Se recomienda para los miedos indefinibles, aparentemente sin razón y a menudo inconscientes, que aparecen tanto durante el día como durante la noche. Para niños con mucha imaginación. En momentos de temblores, sudor causado por el miedo y las pesadillas. Para sonámbulos y para los que hablan en sueños. Para terrores nocturnos. Para el miedo a la oscuridad, a estar solo y a la muerte.

Chicory (Achicoria)

Para cuando el niño es en extremo dependiente, tiene mucha necesidad de dedicación exclusiva. Para bebés que sólo están satisfechos en brazos y para niños que exigen ser siempre el centro de atención. Para cuando el niño es posesivo, infinitamente exigente y, a la vez, se muestra incapaz de estar o dormir solo.

Cherry plum (Cerasífera)

Para conflictos seriamente reprimidos. Ayuda al que moja la cama. Para el niño que tiene repentinos prontos emocionales explosivos durante el día. Para el que, al dormirse, toma la costumbre de hacer movimientos repetidos con la cabeza, e incluso los hace en otros momentos del día, cada vez que se reprime.

Holly (Acebo)

Recomendado en los conflictos de todo tipo para dormirse después de que haya nacido un hermanito. Para el niño que tiene miedo de que lo quieran menos que al bebé. En el caso de sentimientos reprimidos de odio por envidia o celos, de desconfianza y de miedo a ser engañado. Para el que reacciona de manera susceptible y se muestra ligeramente ofendido y demasiado sensible y, a veces, incluso se ve dominado por crisis de rabia, acom-

SU MÉDICO DEBERÍA analizar el estado de ánimo del niño antes de recomendar la esencia.

pañadas, sintomáticamente, de golpes y patadas. Resulta de ayuda para superar las pesadillas.

Pine (Pino silvestre)

En alteraciones del sueño de todo tipo a raíz de sentimientos de culpabilidad, por ejemplo después de peleas o separación de los padres, la muerte de un animal doméstico, etcétera. Para niños muy introvertidos.

Star of Bethlehem (Leche de gallina)

Entre las esencias florales, el remedio para los traumas. Edward Bach llamaba a esta esencia el consolador del alma. Recomendado para los recién nacidos después de un parto difícil, largo o muy rápido. También resulta útil para las alteraciones del sueño después de operaciones –por dolor, miedo, etcétera–, después de una decepción, al empezar el parvulario o, por ejemplo, cuando la madre vuelve a trabajar fuera de casa.

Rock Rose (Heliantemo)

Muy útil para los estados de pánico, cuando el niño se despierta de una pesadilla, durante un susto nocturno o en alteraciones del sueño producidas por un sobresalto, un accidente o una experiencia relacionada con miedos reales.

Gotas de emergencia

El primer remedio de la terapia de las flores de Bach también ayuda en caso de pesadillas o terrores nocturnos, si no hay otra esencia más específica o no se tiene tiempo para hacer un diagnóstico preciso. Las gotas de emergencia son una mezcla de cinco esencias: Star of Bethlehem, Rock Rose, Impatiens, Cherry Plum y Clematis.

Homeopatía para niños con problemas de sueño

La homeopatía no sólo puede ayudar al niño en las alteraciones del sueño de origen físico o psíquico, sino también cuando moja la cama, tiene terrores nocturnos o anda sonámbulo. Debe tener-

LOS TRASTORNOS DEL SUEÑO pueden tratarse con una gran variedad de productos naturales.

se en cuenta que, en estos casos, los remedios homeopáticos no se pueden equiparar a los remedios caseros o a las flores de Bach. El tratamiento adecuado exige un estudio a fondo por parte de un homeópata experimentado. Cuando se escoja el remedio, es necesario contemplar muchos factores distintos que un profano no puede valorar con certeza. Además, en este caso se añade la falta de objetividad de los padres; incluso los homeópatas dejan que el tratamiento de sus propios hijos lo decida un colega. Aquí presentamos una serie de remedios que el homeópata tendrá a su disposición para solucionar alteraciones del sueño.

EL REMEDIO HOMEOPÁTICO adecuado puede ayudar al niño a dormir y a hacerlo de un tirón.

Calcium carbonicum

Entre los objetivos de este remedio está el de ayudar al niño que se despierta abrumado de pánico por culpa de una pesadilla, al que sufre terrores nocturnos o vive aterrorizado el momento de dormirse. En cuanto cierran los ojos, los «niños-Calcium» suelen verse rodeados por imágenes perturbadoras. Ésa es la razón de que les dé miedo dormirse. A veces, se despiertan de una pesadilla gritando y es difícil tranquilizarlos. En los «niños-Calcium», los sueños de este tipo surgen a partir de la fuerte impresión que han dejado algunas historias o programas de televisión.

LOS «NIÑOS-CALCIUM» se despiertan muy temprano por la mañana, momento en que se muestran simpáticos, de buen humor y alegres.

Los bebés y niños pequeños que necesitan calcio son tozudos, sobre todo cuando están agotados. En vez de dormirse, se quejan hasta casi luchar contra el sueño. Quieren que se les haga saltar encima de las piernas, exigen jugar al caballito y con cuanta más fuerza galopan mejor. En la cama, tienen calor enseguida; sudan mucho, a menudo poco después de dormirse, especialmente mientras les salen los dientes y cuando sufren alguna enfermedad aguda. El sudor tiene olor ácido. A veces, tienden al sonambulismo, aunque de una manera no tan exagerada como en el caso de los «Phosphorus» o de los «Natrium muriaticum».

Lycopodium

Tal remedio se emplea a veces en bebés miedosos con tendencia a los cólicos y a las indisposiciones. Es útil para casos de niños que acostumbran a no apartar el ojo de la madre, de la que no se separan en cuanto advierten la presencia de gente extraña alrededor. Al niño miedoso cuesta convencerlo de que debe dormir en su habitación, porque teme estar solo, sobre todo en medio de la

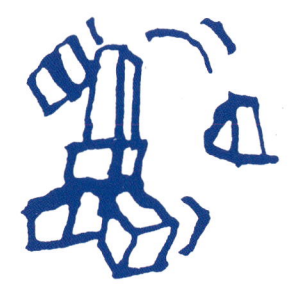

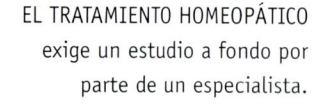

EL TRATAMIENTO HOMEOPÁTICO exige un estudio a fondo por parte de un especialista.

oscuridad. Durante la noche no puede dormir si no hay una luz encendida, y suele insistir en que la puerta de la habitación esté abierta. Los bebés lloran cada vez que la madre abandona la habitación, no sólo durante la fase Ferber. A estos niños, les conviene dormir en la misma habitación que sus hermanos.

Todos los síntomas descritos aquí se agravan cuando el niño ve una película u oye una historia que le atemoriza. Después de las vacaciones, al empezar en el parvulario o en la escuela, al «niño-Lycopodium» se le presentan problemas que afectan al sueño. Los que están en edad escolar padecen insomnio antes de los exámenes o de la presentación de trabajos. Los «niños-Lycopodium» rara vez se destapan por la noche, dado que les cuesta sentirse abrigados.

Medorrhinum

Estos niños son auténticos búhos nocturnos; por la noche son capaces de resistir largas horas despiertos sin querer irse a la cama. Ocurre incluso cuando son bebés. Son demasiado inquietos para relajarse, y tienen una acusada tendencia a sufrir cólicos. Estos niños están desosegados hasta cuando duermen y son incapaces de mantener las piernas quietas. Prefieren dormir boca abajo, a menudo con las piernas dobladas, aunque ya haga tiempo que dejaran de ser bebés. Siempre sienten un calor excesivo y por la noche tiran la manta al suelo. Suelen tener pesadillas en las cuales aparecen perros que muerden y frecuentes escenas de violencia.

AUNQUE AL DESPERTARSE no se muestren especialmente exhuberantes, «los niños-Medorrhinum» pueden rebosar energía desde el primer instante del día, si bien suelen estar de mal humor.

Natrium muriaticum

Este remedio se utiliza mucho menos en bebés que en niños en edad escolar. El homeópata reconoce a un «niño-Natrium» porque suele desear que lo dejen solo, así como rechazar que lo tomen en brazos y le hablen personas que no gozan de su confianza. Esta tendencia a retraerse y a mostrarse insociable se mantiene a lo largo de la infancia. Otra señal típica de estos niños es que por la noche tardan mucho en dormirse porque piensan en infinidad de cosas. Asimismo, suelen mojar la cama con cierta asiduidad.

Estos niños presentan una fuerte tendencia al sonambulismo. Sus sueños terroríficos se basan con frecuencia en persecuciones, robos y malhechores. En sus pesadillas, los niños en edad escolar pueden no encontrar la escuela, llegar tarde a exámenes importantes, o ponerse en ridículo ante toda la clase.

POR LA MAÑANA, después de despertarse, los «niños-Natrium» suelen permanecer durante un buen rato callados y quietos.

Phosphorus

Los «bebés-Phosphorus» pueden resultar radiantes angelitos en tanto se los lleve pegados al cuerpo como ranitas. Tienen una necesidad especialmente acentuada de contacto corporal, caricias y cualquier tipo de dedicación. Por esa razón, no les gusta dormir solos y se quejan hasta que la madre se tumba a su lado. A los diez años continúa encantándoles meterse en la cama de los padres. Hay una actitud de los «Phosphorus» que suele sorprender a los progenitores: un niño de cinco años que hasta ese momento ha dormido siempre pegado a la madre puede decir, de repente: «Mamá, prefiero irme a mi cama». En el «estado-Phospho-

AL DESPERTARSE, los «niños-Phosphorous» están alegres y espabilados. A menudo, además, se hallan hambrientos o sedientos.

rus», el niño posee una fantasía extremadamente viva. A oscuras, las siluetas de la habitación le parecen monstruos o fantasmas y la luz engañosa produce en su mente sombras terroríficas. En ese preciso momento, el niño recuerda mil cosas que necesita con urgencia o quería decir para que el adulto se acerque a él y haga desaparecer las figuras terroríficas. Reclamará la atención hasta que se le cierren los ojos de cansancio y agotamiento.

El ritual para dormirse representará un pilar psíquico en cualquier «niño-Phosphorus» hasta bien entrada la edad escolar. Especialmente antes de los exámenes, les resulta muy difícil dormirse si no se los acaricia antes. Los niños pequeños se despiertan con frecuencia por la noche con mucha sed. El sueño de un «niño-Phosphorus» suele ser inquieto porque sus sueños están plagados de monstruos, fantasmas y animales feroces. En las pesadillas experimenta persecuciones, asesinatos y otros sucesos macabros. La mayoría de los sueños tienen origen en películas o experiencias que han alimentado su fantasía poco tiempo atrás. Es muy frecuente que sufran sonambulismo y también que hablen en sueños. Los «niños-Phosphorus» prefieren dormir sobre el lado derecho (los adultos prefieren el izquierdo) o boca abajo y se muestran muy inflexibles en este aspecto.

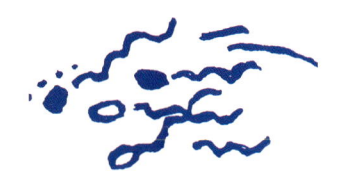

Pulsatilla

Estos bebés son auténticos pedazos de pan. Pero, ¡pobre de usted cuando los acueste! En el «niño-Pulsatilla» existe un miedo muy pronunciado a ser abandonado y a las separaciones. Estos miedos son la causa de que llore cada vez que se lo acuesta y de que no pare hasta que se lo toma en brazos. Con todo, sus lloros no son de los que atacan a los nervios. Por lo común, estos niños consiguen que los padres los levanten y los colmen de besos. Exactamente lo que necesitan. Sobre todo al dormirse, el bebé quiere que lo mezan o que le den el pecho, así no experimenta con tanta intensidad la separación del mundo. Cuando se despierta por la noche llora reclamando a la madre para que le dé el pecho, lo meza en brazos o lo acaricie hasta que se duerma de nuevo. Un «niño-Pulsatilla» pequeño tiene mucho miedo a que lo lleven a su habitación y se resiste llorando sin parar hasta que los padres van con él y se tumban a su lado. Estos niños tienden a ser sonámbulos y a hablar en sueños. A un «niño-Pulsatilla» le supondrá un problema enorme que los padres se separen.

Las separaciones, enfermedades o muertes provocan automáticamente pesadillas en estos pequeños. A los «niños-Pulsatilla» les encanta dormir con la madre, igual que a los «niños-Phosphorus». Son muy típicas de los «niños-Pulsatilla» las tácticas sutiles que utilizan para retrasar la hora de acostarse, porque cualquier separación de los padres les provoca un miedo enorme. Por la noche, el niño se despierta y se mete en la cama de los padres. Teme la oscuridad y estar solo, los monstruos del armario y las sombras que se escurren por la pared –por ejemplo, cuando pasa un coche por delante de la casa–. Una lamparita de noche le servirá de ayuda. El «niño-Pulsatilla» acostumbra a dormirse boca arriba, tal vez con las manos por encima de la cabeza. Los pies tienen que poderle salir por debajo de la manta; de no ser así, tendría demasiado calor. Por eso suele tirar la manta al suelo durante la noche.

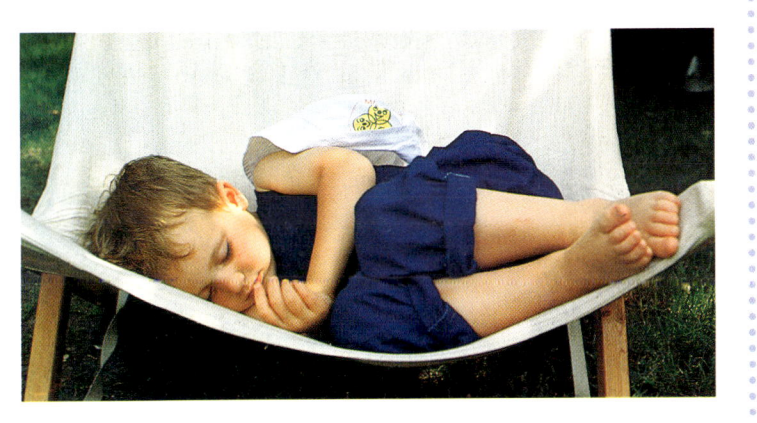

AL DESPERTARSE,
los «niños-Pulsatilla»
están alegres y de buen humor.